Thomas und Petra Berger

Jahreszeitenschmuck

Verlag Freies Geistesleben

1. Auflage 2000
Verlag Freies Geistesleben
Landhausstraße 82, 70190 Stuttgart
Internet: www.geistesleben.com

ISBN 3-7725-1950-4

Die niederländische Ausgabe erscheint 2000 unter dem Titel
Seizoenenknutselboek bei Uitgeverij Christofoor in Zeist.
Die Texte in diesem Buch sind früher erschienen in «Weihnachten», «Frühjahrsschmuck»
und «Herbstschmuck».
Übersetzung: Angelika Sandkühler, Silke Schmidt und Jeanne Oidtmann.
Fotos: Wim Steenkamp, Thomas Berger, Ernst Thomassen
Illustrationen: Ronald Heuninck / Einband: Thomas Neuerer

Deutsche Ausgabe: © 2000 Verlag Freies Geistesleben & Urachhaus GmbH, Stuttgart
Sämtliche Anleitungen und Illustrationen dieses Buches sind urheberrechtlich geschützt und
dürfen nur nach vorheriger schriftlicher Genehmigung des Verlages reproduziert oder zu
kommerziellen Zwecken verwendet werden.
Gedruckt in Belgien

Inhalt

Vorwort 7

1 Frühling 8

Mutter Erde und die Blumenkinder
   aus gefärbter Schafwolle 8
Blumenkinder aus Filz 8
Transparent aus Stockmar Knetwachs 11
Bild aus Märchenwolle 12
Bunte Palmenzweige 12
Palmenzweig mit rundem Reifen 12
Kreuzförmiger Palmenzweig 13
Bunter Palmenzweighahn aus Papier 14

2 Ein festlicher Ostertisch 14

Osterbaum 14
Osterzweige mit verzierten Eiern 14
Schälchen oder Eierschale
   mit Gartenkresse 16
Selbst gemachte Eierbecher 16
Eierbecher falten 17

3 Figuren aus Brotteig 17
   (Vreni de Jong)

Rezept für Brotteig 17
Brothahn für den Palmenzweig 17
Männchen aus feinem Brotteig 18
Osterhase oder -lamm aus Guglhupfteig 18

4 Arbeiten mit Wolle und Textilien 19

Häschen aus einem geknoteten Tuch 19
Küken aus Wollpompons 19
Häschen aus Wollpompons 20
Gestricktes Huhn 20
Gestrickter Osterhase als Eierwärmer 20
Eierwärmer aus Filz 21, 115
Filzhuhn als Eierwärmer 21, 115
Gestrickter Osterhase als Fingerpuppe 21
Osterhase als Handpuppe 22

5 Ostereier verzieren 23

Ehe Sie mit dem Verzieren beginnen 23
Eier aufhängen 25
Eier von Kindern verzieren lassen 25
Eier mit pflanzlicher Farbe färben 25
Eier mit Wasserfarbe bemalen 25
Eier mit Stockmar Schmuckwachs
   verzieren 27
Eier durch Wegkratzen der Farbe
   verzieren 27
Eier bestempeln 27
Eier mit Textilien und Wolle verzieren 27
Eier mit getrockneten Blumen
   und Blättern verzieren 29
Eier mit Filigranpapier verzieren 29
Eier mit Stroh und Holzspänen
   verzieren 29
Eier mit Blumen und Kräutern batiken 30
Ostereier aus Tschechien
   und der Ukraine 30

6 Arbeiten mit Papier 33

Einfache Frühlingstransparente 33
Schnitte aus Zickzackpapier 33
Origami Huhn 35
Origami Häschen 35
Origami Schwan 36

7 Vorsommer 36

Pfingstvogel aus feinem Brotteig 36
Schmetterlinge aus Seidenpapier 37
Tauben aus Karton und Seidenpapier 37
Blumen aus Seidenpapier 38
Elfen aus Seidenpapier 40
Das Trocknen von Blumen 41
Blumen- und Blätterpresse 41

8 Werken mit Stroh 42

Strohschmuck (Joke van der Lugt) 42
Gebinde aus verschiedenen Getreide-
   arten (Joke van der Lugt) 43
Vorbereitungen zum Flechten 43
Flechten eines Strohherzens 44
Doppeltes Strohherz 45
Flechten eines Strohkranzes 46
Erntekreuz mit Ährenkranz 46
Die Ährensonne 48

9 Dekorative Strohflechtarbeiten 48

Corndolly aus Wales 48
Strohschmuck in Mäusetreppchen-
   technik 49
Strohflechtwerk mit Spiralen 50
Spiralenflechtarbeit mit «Füllung» 50
Spiralenflechtarbeit ohne «Füllung» 51
Mobile aus Strohspiralen 51

10 Strohfiguren 52

Bock aus Stroh (Julbock) 52
Strohhahn 53
Püppchen aus geflochtenem Stroh 54

11 Schmücken und Arrangieren mit Herbstmaterial 56
   (Joke van der Lugt)

Herbstmaterial auf Draht ziehen 57
Herstellen eines Sträußchens 57
Schmücken eines Kiefernzapfens 59

12 Maispüppchen 60

13 Herbstmaterial aus Wald und Feld — 63

Pappschächtelchen — 63
Puppen und Tiere aus Kastanien, Eicheln und anderem Material — 63
Eichelschlange — 64
Kiefernzapfeneule — 64
Mäuse aus Kiefernzapfen — 64
Geflügelte Tiere — 66
Geschmückte Kiefernzapfen — 66
Bienenmobile — 66
Kugeldistelspinne — 67
Kugeldisteligelchen — 67
Kiefernzapfentrolle — 67
Herbstgirlanden — 69
Mobile aus Herbstgirlanden — 69
Fenstergirlanden — 69

14 Herbstblätter — 70

Arbeiten mit frischen Blättern — 70
Trocknen von Blättern — 70
Fensterornament aus getrockneten Blättern — 70
Herbsttransparente — 72
Postkarten und Briefpapier — 72
Krone aus Herbstblättern — 72

15 Herbst, die Zeit Michaels und St. Martins — 73

St. Michael mit dem Drachen aus Herbstblättern — 73
Spinnwebe — 73
Drache aus Kastanienschalen — 74
Brotdrachen — 74
St. Martinslaterne — 75

16 Transparente — 76
(Petra Berger, Aeola Baan, Sigrid Brandligt)

Zwei Basistechniken — 76
Allgemeine Arbeitsweise — 76
Einfache Transparente mit Umrahmung — 76
Einfaches Bleiglas-Transparent — 76
Bleiglas-Triptychon; Tischtransparent — 78

Rahmen-Triptychon als Tischtransparent — 78
Transparent ohne Umrahmung — 78
Transparent nach der Aussparmethode — 79

17 Kerzen — 80

Kerzen ziehen — 80
Kerzen verzieren *(Aeola Baan)* — 80
Kerzen verzieren nach der Ausstreichmethode — 82
Kerzenleuchter aus Ton — 82

18 Adventskalender — 82

Eine Adventsleiter — 82
Sternenband — 83
Adventskette aus Walnüssen — 83
Sternenhimmel als Adventskalender — 84

19 Kränze — 84

Adventskranz — 84
Tannenzapfenkränzchen — 85
Einfacher Türkranz — 85

20 Kleine Laternen — 86

Einfaches Laternchen — 86
Glaslaterne — 87
Fünfstern-Laterne — 87, 114/115
Laterne in Form eines Pentagon-dodekaeders — 88

21 Engel — 88

Engel aus Wolle — 88
Engelmobile — 89
Strohengel — 90
Engel aus Goldfolie — 92, 114

22 Strohsterne *(Ria Edelman)* — 92

Strohstern mit 8 Spitzen — 94
Strohstern mit 16 Spitzen — 94
Großer Strohstern mit 16 Spitzen und 8 Randsternen — 94
Strohstern mit 12 Spitzen — 94
Strohstern mit 24 und mit 32 Spitzen — 96

Großer Strohstern mit 64 Spitzen — 96
Strohstern-Mobile — 97

23 Durchsichtige Faltsterne — 97

Allgemeine Arbeitsweise — 97
Sterne aus quadratischen Faltblättern — 98
Sterne aus rechteckigen Faltblättern — 101

24 Kleine Weihnachtskrippen — 105

Kleiner Stall aus Ton — 105
Kleiner Stall mit Hirten *(Freya Jaffke)* — 105
Einzelnes Schaf — 106

25 Geometrische Figuren — 108

Tetraeder aus Goldfolie — 108
Kubus aus Goldfolie — 108
Ikosaeder aus Goldfolie — 109
Pentagondodekaeder aus Goldfolie — 109
Räumliche Sterne aus Goldfolie — 110
Pentagondodekaeder aus Stroh — 110
Kugel aus Stroh — 112

26 Konstruktionen und Modelle — 113

Konstruktion eines Tetraeders — 113
Konstruktion eines Kubus — 113
Konstruktion eines Pentagramms — 113

27 Informationen zu dem in diesem Buch verwendeten Material — 116

Vorwort

Dieses Buch wurde größtenteils aus dem Inhalt der bereits früher erschienenen Bücher *Frühjahrsschmuck, Herbstschmuck* und *Weihnachten* zusammengestellt. Auf diese Weise ist ein Buch mit ca. 150 Bastelanleitungen entstanden, und zwar für das ganze Jahr.

Die vier Jahreszeiten gehen nach gleichem Rhythmus allmählich ineinander über und sorgen somit ununterbrochen für Veränderungen im Naturgeschehen. Mit Hilfe der vielen Bastelideen in diesem Buch können Sie das, was sich draußen abspielt, mit Ihren Kindern im Wohnzimmer nachgestalten, damit diese den ständigen Wandel noch intensiver miterleben können.

Nach den langen dunklen Wintermonaten beginnen die Knospen an Bäumen und Pflanzen zu schwellen. *Mutter Erde* ernährt ihre *Wurzelkinder,* damit sie im Frühling als *Blumenkinder* aus der Erde kommen.
Die Natur schmückt sich mit grünen Blättern und einer bunten Blumenpracht. Die Blätter und Blumen kann man trocknen.
Bedingt durch die Sonneneinwirkung wird im Laufe des Sommers das Getreide zur Ernte reif. Die Erntezeit setzt sich im Herbst mit einem ungeahnten Reichtum an Farben und an natürlichem Material zum Basteln fort.
Wenn die Blätter gefallen sind, ist die Arbeit auf dem Feld für dieses Jahr getan. Vor langer Zeit stellten die Bauern am 11. November (Sankt Martin) ihre Mägde und Knechte für ein neues Jahr ein.

Parallel zu den Geschehnissen in der Natur kennen wir eine Reihe von christlichen Festen, die im Laufe des Jahres gefeiert werden. Oft findet man in anderen Kulturen ähnliche Feste. Sobald die Natur sich regt, beginnt man mit den Vorbereitungen für *Ostern*, das Fest der Auferstehung aus toter Materie. Die Ostergeschichte von der Kreuzigung und Auferstehung Christi ist für kleine Kinder noch nicht verständlich. Für sie muss man das Element der zu neuem Leben erwachenden Natur herausstellen: Ostern als Fest der Eier, Küken und Lämmchen. Dazu gehören auch die Osterhasen.

In der Zeit des Übergangs vom Frühling zum Vorsommer liegen die christlichen Feste *Himmelfahrt* und *Pfingsten*. Beide Feste haben mit dem Himmel, der Luft und dem sich dafür Öffnen zu tun. Motive, die in diese Zeit passen, sind Bilder von geflügelten Tieren (Vögeln, Schmetterlingen) und von sich öffnenden Blumen.

Im Sommer, am 24. Juni, wird Sankt Johannes gefeiert. Eine Zeit, die Natur zu genießen. Man sollte nicht auf die Herbststürme Ende September warten, sondern schon während der Sommerferien mit dem Sammeln und Trocknen des Materials beginnen. Auf allen Spaziergängen sollte man eine kleine Tasche für zufällige Funde bei sich haben. Die meisten der für den Herbstschmuck verwendeten Materialien sind in der Natur zu finden, man braucht sie nur zu sammeln, und es ist nicht nötig, Wald, Garten oder Park zu plündern.

Alte, apokryphe Erzählungen und Legenden berichten davon, wie der Erzengel Michael auf Gottvaters Geheiß hin im Himmel einen Kampf mit dem Drachen beginnt. Er wird aber nicht nur als Drachenüberwinder dargestellt, es gibt auch Abbildungen, die ihn zeigen, wie er an der Himmelstür die Seele und somit die Ernte eines Menschenlebens wiegt. Am 29. September wird Sankt Michael gefeiert.

Im Kreislauf der Feste nimmt das Weihnachtsfest einen besonderen Platz ein. Noch immer feiern wir dieses Fest des Lichtes, das auf die Erde gekommen ist, und es ist wichtig, dieses Ereignis jedes Jahr aufs Neue lebendig zu machen. Wir müssen dafür Sorge tragen, dass Weihnachten uns nicht plötzlich überfällt. Mit den Vorbereitungen kann man zu Beginn der Adventszeit, Ende November oder Anfang Dezember, anfangen. Die Adventszeit ist die Zeit der Erwartung und der Vorbereitung.

Zur Nummerierung der Abbildungen
Um das Finden der Abbildungen zu erleichtern, hat jede eine doppelte Nummer; die erste Zahl ist die Seitenzahl, die zweite die tatsächliche Abbildungsnummer.
Die Bastelschritte sind mit ①, ② usw. gekennzeichnet.

Hier sei ein Wort des Dankes an all diejenigen gerichtet, die uns zu Bastelideen verholfen haben.
Es ist ganz bestimmt nicht unsere Absicht, dass die in diesem Buch abgebildeten Figuren und Basteleien nur nachgearbeitet werden. Sie sollten eher eine Anregung für beginnende Bastler sein, mit der Zeit Variationen und eigene Ideen zu entwickeln.

Thomas und Petra Berger
Advent 1999

1 Frühling

Mutter Erde und die Blumenkinder aus gefärbter Schafwolle

(Abb. 8-1 / 9-1)

Pfeifenreiniger
ungesponnene Schafwolle
Märchenwolle

Aus vier Pfeifenreinigern werden Kopf, Arme und Oberkörper von Mutter Erde oder einem der Blumenkinder geformt ①. Hierzu biegt man zwei Pfeifenreiniger um und verdrillt sie ②. Dies sind die Arme ③. Anschließend wickelt man mit einem dritten Pfeifenreiniger den Kopf und einen Teil des Oberkörpers um die Arme ④ und befestigt mit einem vierten Pfeifenreiniger Kopf und Oberkörper ⑤. Nun fasert man die ungesponnene Schafwolle ganz fein auseinander und wickelt die Wolle so fest wie möglich um die Arme. Man wiederholt diesen Vorgang so lange, bis die Arme die gewünschte Dicke erreicht haben. Falls nötig, kann man sie später noch etwas dicker machen.

Jetzt beginnen wir mit dem Umwickeln des Kopfes. Man nimmt dazu möglichst dünne Büschel und sorgt dafür, dass der Kopf schön rund wird. Bei ⑤ ist zu sehen, dass der Kopf größer ist als der Pfeifenreiniger lang.

Fettige Schafwolle besitzt den Vorteil, dass die Wolle beim Umwickeln gut aneinander haftet. Ist die Wolle nicht fettig, wickelt man ab und zu einen Zwirnfaden mit.

Der Unterkörper wird auf dieselbe Weise umwickelt.

Zum Schluss erhält die Puppe ein Kleid aus gefärbter Märchenwolle. Dazu fasert man die Wolle ebenfalls so dünn wie möglich aus und wickelt sie um die Schafwolle. Hiermit fährt man Schicht für Schicht fort, bis der Untergrund nicht mehr zu sehen ist und das Kleid die gewünschten Farben erhalten hat (vgl. Abb. 9-1).

Suchen Sie für die Puppen einen schönen und sicheren Platz im Wohnzimmer. Sie sind vor allem zum Anschauen gedacht, denn wenn die Kinder zu viel damit spielen, löst sich die gefärbte Märchenwolle schnell.

Blumenkinder aus Filz

(Abb. 10-1)

weißer oder rosa Trikotstoff
ungesponnene Schafwolle
gekämmte Schafwolle oder Märchenwolle
Filzlappen in verschiedenen Farben
Nähgarn
eine Nähnadel

① Für den Kopf brauchen wir ein Stück Trikotstoff von ca. 8 x 8 cm. Aus ungesponnener Wolle wickelt man ein Knäuel von ca. 2 cm Durchmesser und legt es in die Mitte des Stofflappens ②. Dann faltet man den Stoff um das Wollknäuel und bindet den Lappen um den Hals herum ab.

Für den Rumpf benötigen wir einen Filzschlauch, wobei Länge und Breite des Schlauchs je nach Blumenart variieren ③. Man nimmt einen quadratischen Filzlappen und näht zwei Seiten zusammen ④. Anschließend wird eine der beiden offenen Seiten gekräuselt, das ist der Hals. Man steckt den Kopf in die gekräuselte Seite des Schlauchs, zieht den Faden an und näht Hals und Rumpf aneinander.

Die Puppe bleibt jetzt schon stehen; man kann den Schlauch aber auch zusätzlich noch mit Schafwolle füllen und an der Unterseite mit einem runden Filzlappen in der Farbe des Schlauchs zunähen.

Hiermit ist die Grundform der Blumenkinder fertig; im Folgenden werden die Details für die verschiedenen Blumenarten beschrieben.

Der Krokus (Abb. 10-2)

① Für den Kragen nimmt man ein Stück lila Filz von 3,5 x 10 cm und schneidet es zu. Man kräuselt den Kragen an der angegebenen Stelle und näht ihn um

Abb. 9-1 ➡

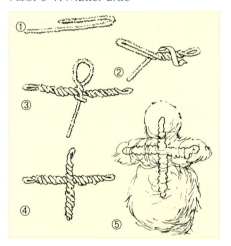

Abb. 8-1: Mutter Erde

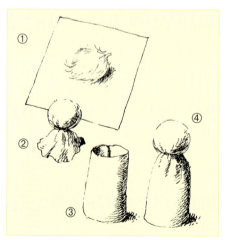

Abb. 8-1: Blumenkinder

den Hals des Blumenkinds ②. Das Hütchen wird auf dieselbe Weise angefertigt. Dabei kräuselt man den Lappen an der angegebenen Stelle so, dass das Hütchen gut auf den Kopf passt. Zum Schluss gibt man dem Blumenkind ein paar Haare in einer zu dem Hütchen passenden Farbe (z.B. aus Märchenwolle), befestigt das Hütchen mit ein paar Stichen auf dem Kopf und näht den oberen Rand der sich gegenüberliegenden Blütenblätter aneinander.

Das Schneeglöckchen (Abb. 10-3)
① Der Rumpf des Schneeglöckchens ist 6 cm hoch und 7 cm breit. Man schneidet den Kragen nach der Vorlage zu, kräuselt ihn und näht ihn am Rumpf fest.
② Die Mütze des Schneeglöckchens besteht aus drei losen weißen Blütenblättern, die oben an einem kleinen Stiel aus hellgrünem Filz festgenäht werden ③. Der Kopf des Blumenkindes erhält erst noch ein paar Haare aus weißer Wolle, ehe man die Mütze mit ein paar Stichen am Kopf festnäht.

Die Tulpe (Abb. 10-4)
① Der Rumpf der Tulpe ist 5,5 cm hoch und 10 cm breit. Man schneidet den Kragen nach der Vorlage zu, kräuselt ihn und näht ihn am Rumpf fest.
② Das Tulpenkind hat eine Mütze, die aus sechs losen Blättern besteht. Die ersten beiden Blätter werden seitlich am Kopf festgenäht. Anschließend werden die übrigen vier Blätter an der Unterseite ein wenig gekräuselt, ehe man sie ziegelförmig am Kopf festnäht ③. Die Tulpe bekommt rosa Haare.

Abb. 10-2: Krokus

Die Narzisse (Abb. 10-5)
① Der Rumpf der Narzisse ist 4,5 oder 5,5 cm hoch und 10 cm breit. Man schneidet den Kragen nach der Vorlage zu, kräuselt ihn und näht ihn am Rumpf fest. ② Die Mütze der Narzisse besteht aus zwei Teilen. Zuerst wird der gekräuselte gelbe Blätterkranz auf dem Kopf festgenäht. ③ Für das Blütenherz schneidet man aus dunkelgelbem Filz einen Kreis zu. Dieser Kreis wird anschließend an zwei Seiten eingeschnitten und nach der Vorlage so festgenäht, dass er sich bauscht. Zum Schluss näht man das Herz auf den Scheitel des Kopfes.

Abb. 10-4: Tulpe

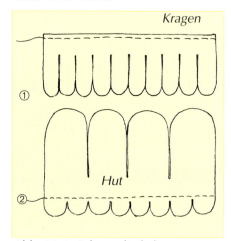

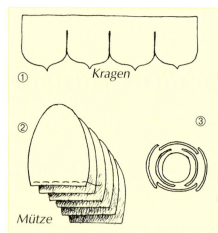

Abb. 10-1

Abb. 10-3: Schneeglöckchen

Abb. 10-5: Narzisse

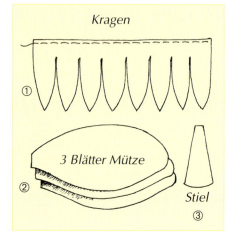

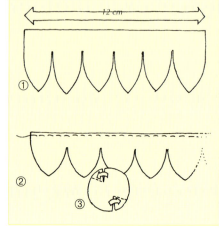

Einfache Variation für die Blumenkinder

Im Handel gibt es kleine Puppen aus Naturholz zu kaufen, die nur aus Kopf und Rumpf bestehen. Sie sind in verschiedenen Größen erhältlich. Diese Holzpüppchen kann man auf einfache Weise anziehen, indem man sie mit Filz beklebt.

Transparent aus Stockmar Knetwachs (Abb. 11-1)

ein Stück Glas oder eine Scheibe Plexiglas
Stockmar Knetwachs in verschiedenen Farben
Stockmar Schmuckwachs
eine Wärmequelle, z.B. eine Wärmflasche

Dieses Transparent wird auf Glas oder Plexiglas angefertigt. Plexiglas hat den Vorteil, dass es leicht ist und dass sich das Transparent sofort auf einfache Weise aufhängen lässt, indem man zuvor mit einem kleinen Bohrer Löcher in den Ecken anbringt. Glas wird man in der Regel mit einem Bleirand versehen müssen, an dem man einen Haken zum Aufhängen befestigt.
Obwohl man ein Transparent natürlich auch aus der freien Hand formen kann, empfiehlt es sich für weniger Geübte, zunächst auf einem Blatt Papier eine Skizze von den Bildern anzufertigen, die später das Transparent schmücken sollen. Achten Sie darauf, dass das Bild nicht zu klein wird. Machen Sie die Skizze am besten genauso groß wie die Glas- oder Plexiglasscheibe. Die Skizze wird auf die Rückseite der Scheibe geklebt.
Stockmar Knetwachs ist ein transparent gefärbtes Wachs, das man weich machen kann, indem man es mit warmen Händen knetet. Das weiche Wachs lässt sich einfach modellieren und auf dem Glas oder Plexiglas anbringen. Die dünnen Scheiben Stockmar Schmuckwachs können sofort aufgetragen werden.
Das Anfertigen eines Transparents aus Knetwachs ist eine Arbeit, die viel Zeit und Geduld erfordert. Ein Vorteil dabei ist, dass man in aller Ruhe zusehen kann, welche Formen entstehen, selbst wenn man zuvor eine Skizze gezeichnet hat. Man sollte vor allem nicht zu große Wachsstücke nehmen, da es dann viel

Abb. 11-1

länger dauert, bis das Wachs weich ist und man kaum große Flächen gleichzeitig anbringen kann.

Sobald man das Wachs auf die Scheibe gelegt hat, wird es kalt und sofort hart. Dann ist es viel schwieriger, das Wachs in einer dünnen, transparenten Schicht aufzutragen. Daher empfiehlt es sich in manchen Fällen, eine Wärmequelle zu benutzen. So kann man das Glas auf eine Wärmflasche legen. Die handwarm gewordene Scheibe sorgt dafür, dass das Wachs nicht sofort hart wird und sich einfacher formen lässt. Das Wachs sollte vor allem dünn aufgetragen werden; es ist jederzeit möglich, noch eine zweite Schicht anzubringen oder das Wachs etwas zusammenzudrücken, so dass die dickere Schicht dunkler ist. Halten Sie die Scheibe regelmäßig vor das Fenster, um zu sehen, wie das Transparent gegen Licht, also dort, wo es später hängen wird, wirkt.

Bild aus Märchenwolle

ein Stück Schaufensterflanell oder anderer grob gewebter Stoff
Märchenwolle

Märchenwolle ist gekämmte, feine Schafwolle, die es in einer Packung mit vielen verschiedenen Farben zu kaufen gibt. Die Wolle bleibt von selbst auf einem rauen Untergrund wie Flanell oder (Kord-)Samt haften. Suchen Sie zunächst Schaufensterflanell in einer passenden Farbe als Untergrund, abhängig von den Wollfarben, die Sie benutzen wollen. Schaufensterflanell ist in vielen Farben erhältlich.

Als Erstes werden die Ränder des Flanelllappens gesäumt. Anschließend legt man den Lappen auf einen großen Tisch oder spannt ihn auf ein Brett oder eine Spanplatte. Natürlich kann man den Lappen auch sofort an der Wand befestigen.

Dann fasert man die Märchenwolle ganz fein aus, modelliert die Wolle und drückt sie auf den Untergrund. Je dicker die Märchenwolle ist, desto intensiver werden die Farben. Es ist jederzeit möglich, einen Teil des Bildes neu zu gestalten, da sich die Wolle einfach vom Untergrund lösen lässt. Gerade hierin liegt auch der große Vorteil von Märchenwolle: Man kann das Bild beliebig, beispielsweise der Jahreszeit gemäß, verändern (s. Abb. 9). Will man an dem fertigen Bild keine Änderung mehr vornehmen oder es verschenken, kann man die Märchenwolle mit ein paar kleinen Stichen auf dem Bild festnähen.

Bunte Palmenzweige

einige Zweige, Krepppapier
eventuell Buchsbaumgrün,
dünner Eisendraht oder kräftiger
Bindfaden, Peddigrohr, ein Brothahn,
ein Papierhahn, getrocknete Früchte
zum Aufketteln (Rosinen, getrocknete
Äpfel, getrocknete Aprikosen)

← Abb. 9-1

Das Tragen von Palmenzweigen bei Osterprozessionen ist ein sehr alter Brauch. Er erinnert an den Einzug Jesu in Jerusalem, als das Volk Zweige von den Bäumen holte und diese auf der Straße niederlegte. In manchen Ländern hatte früher jede Region ihr eigenes Modell. In diesem Buch wollen wir zwei Grundformen vorstellen: den Palmenzweig mit rundem Reifen und den kreuzförmigen Palmenzweig.

Der kreuzförmige Palmenzweig symbolisiert die Kreuzigung. Vor allem für kleine Kinder ist dieses Symbol noch sehr schwer verständlich. Daher eignet sich für Kinder der Palmenzweig mit Reifen besser. Der runde Reifen symbolisiert zugleich Sonne und Licht.

Palmenzweig mit rundem Reifen

Der Palmenzweig mit Reifen, den man auf Abb. 13-1 erkennen kann, ist mit grünem Krepppapier sowohl umwickelt als auch verziert.

Achten Sie darauf, dass der Zweig nicht zu schwer wird. Für die Kleinen sollte der Stock nicht länger sein als der anderthalbfache Abstand zwischen Finger und Ellbogen des Kindes.

Der Reifen wird aus dickem Pettigrohr angefertigt. Hierzu wickelt man das Pettigrohr ein paarmal umeinander und befestigt es anschließend.

Anschließend wird der Reifen mit Girlanden aus Krepppapier und getrockneten Früchten verziert. Zum Schluss bindet man den Reifen mit dünnem Eisendraht oder kräftigem Bindfaden an dem Stock fest und setzt den Hahn in die Spitze. Beim Anfertigen und Schmücken der Palmenzweige kann man die Kinder natürlich mithelfen lassen. Vor allem das

Aufketteln von getrockneten Früchten erweist sich immer als eine dankbare Aufgabe für sie.

Kreuzförmiger Palmenzweig

Man sucht rechtzeitig vorher zwei geeignete Zweige und bindet diese kreuzförmig zusammen, wobei der horizontale Zweig ungefähr die Hälfte der Länge des vertikalen Zweigs einnimmt. Es empfiehlt sich, die beiden Zweige dort, wo sie mit kräftigem Bindfaden oder dünnem Eisendraht zusammengebunden werden, leicht einzukerben. Damit der Palmenzweig gerade stehen bleibt und man ihn besser schmücken kann, wird er in eine stabile Vase oder eine Schale mit Sand gesteckt. Der Palmenzweig auf Abb. 13-2 ist zum Teil mit dem Grün eines Buchsbaumstrauches geschmückt. Buchsbaum wird vielfach für Hecken verwendet, da der Strauch im Sommer wie im Winter grün bleibt. Denken Sie beim Umwickeln der Buchsbaumzweige daran, dass alle Zweige in derselben Richtung befestigt werden, da Unter- und Oberseite der Blätter farblich stark voneinander abweichen. Der horizontale Zweig wird mit buntem Krepppapier beklebt. Die beiden Enden erhalten jeweils einen Pinsel aus Buchsbaumzweigen. Anschließend behängt man den Zweig mit Girlanden aus Krepppapier. Um ein lebendigeres Bild entstehen zu lassen, sind die ca. 2 cm breiten Krepppapierstreifen an beiden Seiten alle paar Millimeter eingeschnitten (vgl. Abb. 13-2).

Zum Schluss kann man den Palmenzweig noch mit einer Apfelsine schmücken, in die wiederum Buchsbaumzweige gesteckt werden. Das obere Ende des Palmenzweigs wird spitz zugeschnitten, so dass der Palmenzweighahn dort seinen Platz einnehmen kann.

Die Anleitung zum Backen eines Brothahns finden Sie auf S. 17.

Abb. 13-3

Abb. 13-4

Abb. 13-1

Abb. 13-2

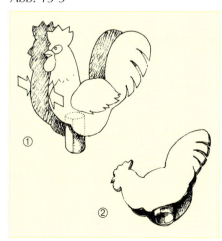

Abb. 13-5

13

Bunter Palmenzweighahn aus Papier

dünner weißer Karton
Buntstifte oder Kreide
Hobbykleber

Kinder werden sicher den Hahn aus Brotteig, der den Palmenzweig schmückt, schnell aufessen. Da der Zweig danach recht kahl aussieht, lässt man die Kinder zuvor einen Hahn aus Papier basteln (s. Abb. 13-4 und 13-5). Dazu schneidet man aus dem Karton zwei Hähne mit einem ziemlich dicken Bauch sowie einen dünnen Streifen von ca. 2 cm Breite.
Anschließend lässt man die Kinder die beiden Hähne bemalen, wobei der eine das Spiegelbild des anderen sein muss, da sie später zusammengeklebt werden. Aus dem Pappstreifen fertigt man ein kleines Röhrchen an, das auf die Spitze des Palmenzweigs passt ①. Dann klebt man die beiden Hähne an der oberen Seite zusammen und biegt den unteren Teil etwas rund, so dass das Röhrchen in die Mitte geklebt werden kann ②. Sobald der Brothahn im Kinderbauch verschwunden ist, kann der Papierhahn den Palmenzweig schmücken.

2 Ein festlicher Ostertisch

Osterbaum (Abb. 14-1)

Zweige
Buchsbaumgrün
dünner Eisendraht oder festes Garn
verzierte, ausgeblasene Eier

Für diesen Osterbaum sollte man rechtzeitig vorher eine Anzahl geeigneter Zweige suchen. Abb. 14-2 gibt die möglichen Maße eines Osterbaums wieder.
Der abgebildete Baum besteht aus 3 horizontalen Zweigen, die nach unten hin immer länger werden. Damit die Zweige besseren Halt haben, kerbt man die Stellen, an denen der vertikale Zweig und die horizontalen Zweige aneinander festgebunden werden, leicht ein.
Jetzt wird das Gerüst mit Buchsbaumgrün geschmückt. Dies geht am einfachsten, wenn man den Baum in eine stabile Vase oder eine Schale mit Sand steckt.

Anschließend werden die ausgeblasenen Eier vorsichtig an den Baum gehängt: An den obersten horizontalen Zweig kommt an beide Seiten jeweils 1 Ei, in die Mitte jeweils 2 Eier und an den untersten Zweig jeweils 3 Eier. Man kann den Osterbaum in der Vase oder dem Topf stehen lassen oder ihn durch ein Holzkreuz abstützen. Eine weitere Möglichkeit: Man steckt den Osterbaum in eine Schale mit blühenden Frühjahrsblumen.

Osterzweige mit verzierten Eiern

ein Zweig oder mehrere schöne Zweige
ausgeblasene, verzierte Eier
Zwirn oder sehr dünner Eisendraht

Es sieht sehr festlich aus, wenn man zu Ostern einen oder mehrere Zweige mit grünen Blättern ins Zimmer stellt, an denen bunte, ausgeblasene Eier hängen. Damit man zu Ostern grün ausgetriebene Zweige hat, muss man bereits vier Wochen zuvor geeignete Zweige aussuchen und sie in eine Vase mit Wasser ins Zimmer stellen. Nach einiger Zeit werden die Zweige anfangen zu knospen und die ersten Blättchen zu sehen sein.
Auf Ostern schmückt man die Zweige mit einer Anzahl schön verzierter, ausgeblasener Eier und stellt die Vase mit den Zweigen an einen geeigneten Platz im Zimmer.

Abb. 14-1

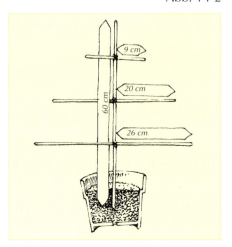

Abb. 14-2

Abb. 15-1 ➡

Schälchen oder Eierschale mit Gartenkresse

ein Schälchen mit Erde
eine Eierschale
ein Tütchen Kressesamen
ein Stück Plastikfolie

Damit die Kinder den Frühling mit den austreibenden Pflanzen richtig miterleben, sät man, am besten in einem Schälchen, etwas Gartenkresse. Gartenkresse keimt schon nach 1 – 2 Tagen und ist nach ungefähr einer Woche erntefähig.

Zuerst wird die Erde in dem Schälchen gut angefeuchtet. Anschließend streut man den Kressesamen gleichmäßig auf die Erde und deckt das Schälchen mit einem Stück Plastikfolie ab.

In der feuchten, schwülen Wärme, die in dem Schälchen entsteht, beginnen die Samen schnell zu keimen. Nach dem Keimen wird die Plastikfolie entfernt. Jetzt können die Kinder jeden Tag beobachten, wie die Gartenkresse wächst, bis am Ende des Halms ein kleines Blättchen erscheint. Es ist wichtig, dass die Erde immer gut feucht bleibt.

Als Schmuck für den Ostertisch kann man die Gartenkresse auch in einer Eierschale säen.

Hierzu trennt man von einem gekochten Ei den oberen Teil der Schale vorsichtig ab. Das kleine Schälchen, das zurückbleibt, kann man mit etwas Erde füllen.

Für einen schönen, glatten Rand ritzt man die Schale mit einer feinen Eisensäge rundum leicht ein und bricht sie vorsichtig an dieser Stelle.

Selbst gemachte Eierbecher

(Abb. 16-2)

Klopapierrollen
farbiges Papier
Hobbykleber

Man nimmt eine Klopapierrolle und schneidet sie mit einer Schere oder einem Messer in eine Anzahl kleiner Rollen von 15 – 20 mm Breite.

Dann werden die Rollen mit buntem Seidenpapier oder anderweitigem farbigem Papier beklebt.

Natürlich kann man die Rollen auch mit weißem Papier bekleben und sie anschließend von den Kindern bemalen lassen.

Abb. 16-1

Abb. 16-2

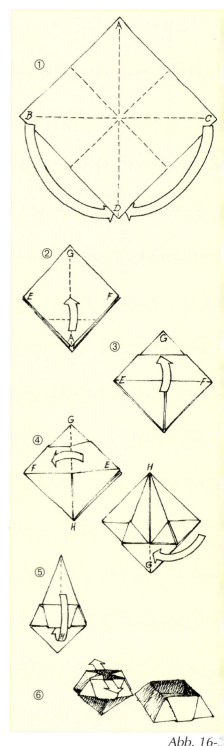

Abb. 16-3

Auf diese Weise kann jedes Kind seinen eigenen Eierbecher für Ostern basteln (s. Abb. 42).

Eierbecher falten (Abb. 16-3)

Faltblätter von 12 x 12 cm
Hobbykleber

Man faltet ein Blatt in beide Richtungen doppelt, öffnet es wieder und wiederholt dasselbe in diagonaler Richtung.
① Dann faltet man die Spitzen B und C nach innen, so dass sie zwischen A und D liegen.
② Jetzt faltet man die Spitze A zur Linie E – F und bildet anschließend die Falte E – F.
③ Dasselbe wird für Spitze D wiederholt.
④ Nun faltet man die vordere Spitze F zu Spitze E und die hintere Spitze E zu Spitze F. Dann dreht man das Blatt um 180°, so dass Spitze G unten liegt. Jetzt werden die Spitzen F und E zur Mitte gefaltet. Dasselbe wird auf der Rückseite wiederholt ⑤. Anschließend faltet man die Spitze H nach unten und schlägt die Spitze in die angegebene Richtung. Dasselbe wird auf der Rückseite wiederholt.
Jetzt ist der Eierbecher fast fertig.
⑥ Zum Schluss zieht man vorsichtig die obere Seite auf, so dass die Spitze an der Unterseite langsam verschwindet und zum Boden des Eierbechers wird.

Variation:
Natürlich kann man den gefalteten Eierbecher auch aus mehrfarbigem Origamipapier anfertigen oder aus einem Blatt weißem Papier, das die Kinder zuvor bemalt haben. In diesem Fall muss die bemalte Seite an die Unterseite des zu faltenden Papiers kommen, damit sie später an der Außenseite sichtbar ist.

3 Figuren aus Brotteig

Rezept für Brotteig

Zutaten für den Teig:
ca. 500 g feines Weizenvollkornmehl oder Weizenmehl oder eine Mischung von beiden; 1/2 EL Hefe, aufgelöst in 3 dl lauwarmer Milch (nicht über 30 °C) 50 g harte Butter; 1/2 EL (8 g) Salz; 3 EL Zucker; 1/2 EL Anissamen

Das Rezept reicht für acht Hasen oder acht Nester, Männchen etc.
Man hält von dem Mehl ca. 100 g zurück und gibt den Rest in eine Schüssel. Anschließend drückt man in die Mitte eine Vertiefung, gibt die aufgelöste Hefe hinein und verrührt sie von der Mitte aus mit einem Teil des Mehls zu einem dünnflüssigen Teig. Dann schneidet man die Butter in dünne Scheiben, legt sie auf den Teig und streut das Salz, den Zucker und Anissamen darüber. Jetzt schiebt man die Schüssel in eine Plastiktüte und lässt den Teig bei Zimmertemperatur zu doppeltem Volumen aufgehen; das kann 20 Min. oder länger dauern.
Anschließend streut man die Hälfte des zurückbehaltenen Mehls über den Vorteig und rührt es gleichzeitig mit der inzwischen weich gewordenen Butter, dem Salz, Zucker und Anissamen unter den Teig. Man legt den noch unzusammenhängenden Teig auf die mit Mehl bestäubte Arbeitsfläche und knetet ihn (nicht zu lange!), bis er sich von den Händen löst und sich fest, aber dennoch weich und geschmeidig anfühlt. Man knetet den Teig mit dem Handballen und wendet ihn ab und zu um eine Vierteldrehung.
Anschließend legt man den Teig wieder in die Schüssel und lässt ihn an einem kühlen Ort (Keller, Kühlschrank) zu ungefähr doppeltem Volumen aufgehen. Dies dauert ca. 3 – 4 Stunden. Kalter Hefeteig lässt sich besser formen. Die Weiterverarbeitung des gegangenen Teigs wird bei den einzelnen Brotfiguren beschrieben. An dieser Stelle beschränken wir uns auf die Anleitung zur Fertigstellung des Backwerks.
Man bepinselt die Figuren mit verschlagenem Ei oder Eigelb, das mit etwas Milch verrührt wurde, und schiebt sie in den vorgeheizten Ofen.
Backen: ca. 20 Minuten bei 225 °C auf der mittleren Schiene.

Brothahn für den Palmenzweig

Nach dem Rezept wird ein feiner Brotteig hergestellt. Man teilt den gegangenen Teig in acht Stücke und formt jedes Teigstück zu einer Rolle von ca. 18 cm Länge.

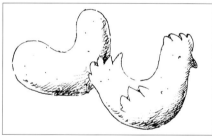

Die Rollen werden bogenförmig auf ein Backblech gelegt, wobei das Schwanzstück etwas kürzer ist als das Kopfstück. Machen Sie die Rollen nicht zu dick (durch das Aufgehen werden sie von selbst dicker), und achten Sie darauf, dass zwischen den Figuren genügend Platz zum Aufgehen bleibt.
Für den Schnabel schneidet man den Teig mit einer scharfen Schere zweimal ein, zieht dieses Stück nach außen und

streicht die Narbe glatt. Anschließend schneidet man für Kamm und Schwanz die beiden Enden ein und markiert mit einigen kleinen Schnitten die Flügel. Zum Schluss macht man mit einem scharfen Messer ein Loch für das Auge und steckt eine Rosine hinein. Man kann den Brothahn noch mit Nüssen verzieren.

Männchen aus feinem Brotteig

Nach dem Rezept von S. 17 wird ein feiner Brotteig hergestellt. Man teilt den gegangenen Teig in 8 Stücke ①, modelliert jedes Stück birnenförmig und ② kerbt mit einem scharfen Messer Arme und Beine ein. Anschließend macht man mit einem scharfen Messer zwei Löcher für die Augen und steckt Rosinen hinein ③. Zum Schluss legt man ein hart gekochtes Ei auf den Bauch der Figur und schlägt die Arme darüber. Verwenden Sie ausschließlich Eier, die in einem (pflanzlichen) Färbebad gekocht wurden, da sonst die Gefahr besteht, dass die Eier abfärben.

Abb. 18-1

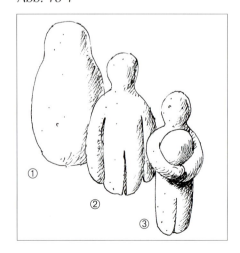

Osterhase oder -lamm aus Guglhupfteig

Hierzu benötigt man eine spezielle Backform in Form eines Hasen oder Lamms (Inhalt 1/2 Liter), die aus zwei auseinander nehmbaren Hälften besteht (vgl. Abb. 18-2).

Zutaten für den Guglhupfteig:

200 g gesiebtes Weizenmehl;
1/2 EL Hefe, aufgelöst in 1 dl Milch;
50 – 75 g harte Butter; 1/2 TL Salz
25 g Rohrzucker oder Sirup, aufgelöst in 1 Eidotter mit 1/2 Eierschale Wasser;
(geriebene) Schale von 1/2 Zitrone;
ca. 60 g Datteln, ohne Kern gewogen und quer in dünne Streifen geschnitten

Man gibt das Mehl in eine Schüssel, drückt in die Mitte eine Vertiefung, gießt die aufgelöste Hefe hinein und verrührt sie mit etwas Mehl zu einem dünnflüssigen Teig. Die Butter wird in dünnen Scheiben auf den Teig gelegt und mit dem Salz bestreut. Anschließend schiebt man die Schüssel in eine Plastiktüte und lässt den Teig bei Zimmertemperatur stehen, bis er Blasen wirft (20 Minuten oder länger). Nun gießt man das Ei-/Sirupgemisch über die inzwischen weich gewordene Butter, fügt die Zitronenschale hinzu und verknetet alles von der Mitte aus zu einem glatten, feuchten Teig (5 Minuten schlagen!). Dann rührt man die Datteln unter, steckt die Schüssel wieder in die Plastiktüte und lässt den Teig zu doppeltem Volumen aufgehen. Bei Zimmertemperatur dauert dies sicher 2 Stunden, länger ist nicht von Nachteil.

Man nimmt die Form auseinander und fettet die beiden Hälften mit einem kleinen Pinsel mit weicher Butter ein. Die gefettete Form wird mit etwas Mehl bestäubt (überschüssiges Mehl wieder herausschütteln). Anschließend setzt man die Form wieder zusammen und füllt den Teig langsam hinein. Dabei ist darauf zu achten, dass Ohren und Kopf gut gefüllt sind. Schließlich kommt die Form in den vorgeheizten Ofen.
Backen: ca. 30 Minuten bei 190 °C auf der untersten Schiene.

Nach dem Backen lässt man den Kuchen noch 5 Minuten in der Form stehen, ehe man die Form vorsichtig öffnet (erst die Ränder mit einem Messer lösen) und das Backwerk auf einem Kuchengitter abkühlen lässt.

Kurz vor dem Servieren wird die Standfläche gerade geschnitten und das Tier mit Puderzucker bestäubt.

Abb. 18-2

Abb. 18-3

4 Arbeiten mit Wolle und Textilien

Häschen aus einem geknoteten Tuch (Abb. 18-3)

Ein quadratisches, weiches Tuch
① Man faltet das Tuch doppelt in diagonaler Richtung und ② schlingt in das eine Ende einen losen Knoten. ③ Anschließend führt man das andere Ende des Tuches so durch die Schlinge, dass zwei Ohren entstehen.
Abb. 19-1

④ Dann zieht man den Knoten etwas fester zu, legt das Ganze ein wenig in Falten, und fertig ist das Häschen.

Küken aus Wollpompons

fester Karton, ein Zirkel,
eine große Stopfnadel,
gelbe oder weiße Strickwolle oder Schrägband,
rote oder orange Filzreste,
Eisengarn oder Zwirn
Jedes Küken wird aus zwei Wollpompons angefertigt, einem großen und einem kleinen.
Dazu zieht man mit dem Zirkel vier Kreise auf dem Karton: zwei mit einem Durchmesser von 35 mm und zwei mit einem Durchmesser von 53 mm. Anschließend wird in die kleinen Kreise ein konzentrischer Kreis von 10 mm Durchmesser gezogen und in die großen einer von 17 mm Durchmesser. ① Man schneidet die Kreise so aus, dass Ringe entstehen. Die Ringe werden anschließend an einer Stelle eingeschnitten. Mit Hilfe der Ringe basteln wir jetzt einen großen und einen kleinen Pompon: Man nimmt einen kräftigen Faden und legt ihn zu einer doppelten Schlinge. Ist die Wolle, die man verwendet, fest genug, geht es auch damit.
② Man legt die Schlinge auf einen der Pappringe und bedeckt sie mit dem zweiten Ring von derselben Größe. Dabei dürfen die Stellen, an denen die Ringe eingeschnitten sind, nicht übereinander liegen. Das Ende der Schlinge lässt man zwischen den beiden Ringen heraushängen. ③ Nun wird die Wolle so lange lose um die beiden Ringe gewickelt, bis das Loch in den Ringen vollständig ausgefüllt ist. Man kann mit der Hand wickeln, es geht aber auch sehr gut mit einer großen Stopfnadel.

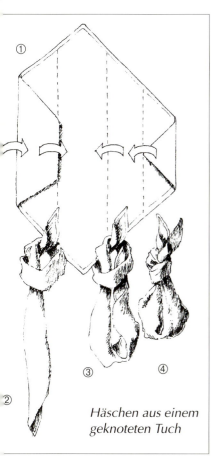

Häschen aus einem geknoteten Tuch

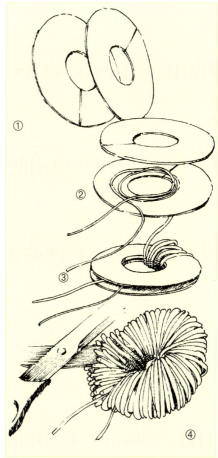

Abb. 19-2: Küken aus Wollpompons

Abb. 19-3

④ Anschließend schneidet man an der Außenseite zwischen den beiden Pappringen die Wolle durch, zieht die Schlinge, die zu Anfang zwischen die Ringe gelegt wurde, fest an und verknotet sie gut. Die Enden der Schlinge werden noch nicht abgeschnitten.
Da die Ringe zu Beginn eingeschnitten wurden, kann man sie jetzt vorsichtig zwischen der Wolle herausziehen, so dass sie wiederverwendet werden können. Anschließend schneidet man den Pompon rundherum etwas glatt. Der zweite Pompon wird auf dieselbe Weise angefertigt. Dann knotet man die beiden Pompons mit Hilfe der zwei Schlingenfäden zusammen.
Zum Schluss schneidet man aus dem Filz ein oder zwei kleine Dreiecke und näht sie als Schnabel auf den kleinen Pompon. – Es sieht nett aus, wenn man eine ganze Sammlung von Küken hat.

Häschen aus Wollpompons (Abb. 20-1)

fester Karton; ein Zirkel; braune Strickwolle oder Schrägband; braune Filzreste; eine große Stopfnadel; zwei schwarze Perlen

Abb. 20-1

Die Häschen werden auf dieselbe Weise angefertigt wie die oben beschriebenen Küken.
Der kleine Ring hat einen Durchmesser von ca. 42 mm und ein Loch von 14 mm; der große Ring hat einen Durchmesser von ca. 70 mm und ein Loch von 25 mm.
Aus einem Filzrest schneidet man zwei lange Ohren und näht sie am Kopf fest. Für die Augen nimmt man zwei schwarze Perlen und näht sie lose an den Kopf. Bei diesen etwas größeren Ringen kann man auch ungesponnene, braune Schafwolle verwenden. Dazu zieht man die Schafwolle in möglichst lange, dünne Fäden. Häschen aus Schafwolle müssen jedoch etwas zurechtgeschnitten werden.

Gestricktes Huhn (Abb. 20-3)

gelbe Wolle, Stricknadeln Nr. 2 – 2,5 ungesponnene Schafwolle, rote Wolle für den Kamm, Perle oder dunkler Wollfaden für die Augen

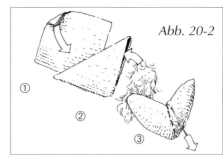

Abb. 20-2

① Man schlägt 16 Maschen an und strickt einen quadratischen Lappen. Hin- und Rückreihe werden rechts gestrickt, wodurch Rippen entstehen. Die letzte Reihe wird abgekettelt.
② Anschließend faltet man den Lappen diagonal doppelt. Man schließt eine der beiden Seiten, näht die andere Seite halb zu, füllt den Rumpf mit Schafwolle und näht die Naht weiter zu.
③ Die Form eines Huhns entsteht, indem man von der unteren Spitze aus einen Faden um die Mitte des Lappens reiht. Dann zieht man den Faden leicht an und befestigt ihn; Kopf und Schwanz kommen auf diese Weise nach oben. Mit einem roten Wollfaden und Festonstich werden Kamm und Kehllappen angefertigt. Für die Augen nimmt man einen dunklen Wollfaden oder eine Perle

Gestrickter Osterhase als Eierwärmer (Abb. 21-1)

braune Strickwolle; Stricknadeln Nr. 3 - 3,5; ungesponnene Schafwolle; braune und rosa Filzreste; Stickgarn; zwei Perlen für die Augen

Abhängig von der Wollstärke werden 20 – 28 Maschen angeschlagen. Der Eierwärmer muss auf jeden Fall gut über das Ei passen. Bei sehr dünner Wolle nimmt man einen doppelten Faden. Man strickt einen Lappen mit ungefähr 18 Rippen, wobei alle Reihen rechts gestrickt werden. Anstatt die Maschen abzuketteln, reiht man sie auf den Faden, mit dem gestrickt wurde, zieht den Faden an und vernäht ihn.

Abb. 20-

nschließend näht man die lange Seite
u und füllt den entstandenen Schlauch
u einem Drittel mit etwas Schafwolle;
as wird der *Kopf* des Hasen. Man
indet den Hals mit einem Wollfaden
b und formt den Kopf so, dass die
chnauze leicht spitz zuläuft.
ie *Ohren* werden aus braunen und
osa Filzresten geschnitten. Die rosa
appen sind etwas kleiner und werden
uf die braunen Lappen aufgenäht. Man
äht die Ohren an den Kopf, wobei der
ilz am unteren Ende etwas zusammen-
efaltet wird.
ie *Augen* werden entweder aufgestickt
der mit Perlen angedeutet. Zum Schluss
ickt man die Schnauze auf und gibt
em Hasen ein paar Schnurrhaare.

ierwärmer aus Filz (Abb. 21-2)

ilzlappen; Stickgarn
bb. 21-2 zeigt einen Eierwärmer mit
lumen. Die Blumen wurden aus Filz
eschnitten und auf den Untergrund
ufgenäht. Natürlich gibt es verschiede-
e Möglichkeiten, den Eierwärmer zu
erzieren. So kann man ihn z.B. auch
esticken.

Nach dem Vorbild von Abb. 115-3 schneidet man zwei Filzlappen zu, verziert je nach Wunsch eine oder beide Seiten und näht die Lappen anschließend zusammen.

Filzhuhn als Eierwärmer

(Abb. 21-3)

gelber Filz in zwei Farbtönen; roter Filz für Kamm und Schnabel; ungesponnene Schafwolle; Perlen für die Augen; Stickgarn
Nach dem Modell von Abb. 115-1 werden einmal der Kamm sowie je zweimal Rumpf, Flügel und Schnabel zugeschnitten.
Man näht die Flügel auf den Rumpf. Anschließend werden die beiden Rumpfhälften mit Festonstich zusammengenäht, wobei der Kamm zwischen den beiden Teilen mitgenäht wird. Der untere Rand wird ebenfalls mit Festonstich versäumt.
Dann näht man die beiden roten Schnäbel an und stopft den Kopf mit etwas Schafwolle aus.
Zum Schluss erhält das Huhn Augen aus Perlen.

Gestrickter Osterhase als Fingerpuppe (Abb. 22-2)

dünne Strickwolle; Stricknadeln Nr. 2; ungesponnene Schafwolle; zwei Perlen für die Augen; Stickgarn; ein kleines Ei
Für den Rumpf schlägt man 20 Maschen an und strickt 20 Reihen 1 rechts, 1 links.
Anschließend strickt man 10 Reihen 1 links, 1 rechts. Das wird der *Kopf*. Die Seite mit den Rippen nimmt man als Außenseite. Anstatt die Maschen abzuketten, reiht man sie auf den Faden, mit dem gestrickt wurde, zieht den Faden an und vernäht ihn.
Dann näht man die lange Seite zu und füllt den Kopf mit Schafwolle. Dabei drückt man die Vorderseite etwas nach außen, so dass eine Schnauze entsteht. Zum Schluss bindet man den Hals mit einem Wollfaden ab.
Für die *Ohren* schlägt man 8 Maschen an und strickt 10 Reihen 1 rechts, 1 links. In Reihe 11 werden viermal 2 Maschen zusammengestrickt. Reihe 12 wird links gestrickt. In Reihe 13 strickt man zweimal 2 Maschen zusammen. Anschließend wird abgekettet. Man näht die Seitennähte zu und die Ohren an den Kopf, wobei die Naht an die Rückseite kommt.

Abb. 21-1

Abb. 21-2

Abb. 21-3

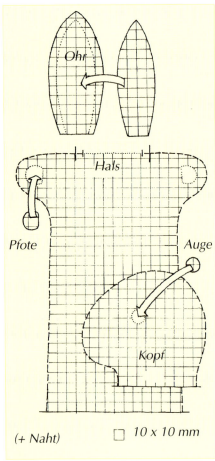

Abb. 22-1

Abb. 22-2

Für den *Rucksack* schlägt man 16 Maschen an und strickt 8 Reihen rechts. Anschließend reiht man die Maschen auf den Faden, mit dem gestrickt wurde, zieht den Faden an und vernäht ihn. Dann näht man den Rucksack auf den Rücken des Hasen, wobei der Faden über Kreuz mit ein paar kleinen Stichen befestigt wird, damit er wie ein Träger aussieht.

Man stickt die Schnauze auf, gibt dem Hasen ein paar Schnurrhaare und näht die Perlen an die Stelle, wo die Augen sitzen (s. Abb. 62).

Zum Schluss steckt man ein kleines Ei in den Rucksack.

Osterhase als Handpuppe

(Abb. 22-3)

Stofflappen (vorzugsweise Stretch) für den Körper; rosa Filz für die Innenseite der Ohren und Pfoten; brauner Filz für die Augen; ungesponnene Schafwolle; Stickwolle

Nach dem Modell von Abb. 22-1 schneidet man aus einem geeigneten Stofflappen je zweimal Kopf, Rumpf und Ohren zu sowie aus rosa Filz die Innenseite von Ohren und Pfoten. Als Erstes werden die rosa Filzlappen auf die Innenseite der *Ohren* genäht. Dann näht man die Ohren auf links zusammen (die untere Seite bleibt offen) und zieht die Teile anschließend auf rechts.

Nun werden die *Augen* auf die losen Hälften des Kopfes genäht. Dann näht man die beiden Hälften auf links zusammen (der Hals bleibt offen) und zieht das Teil anschließend auf rechts. Jetzt werden die rosa Filzlappen auf die Innenseite der *Pfoten* genäht. Dann näht man die beiden Rumpfhälften auf links zusammen (die untere Seite und der Hals bleiben offen), zieht das Teil auf rechts und versäumt den unteren Rand.

Schließlich werden alle losen Teile zusammengesetzt: Zuerst näht man den Kopf an den Rumpf und anschließend die Ohren an den Kopf.

Man vollendet den Hasen, indem man den Kopf mit etwas ungesponnener Schafwolle füllt. Mit dem Finger drückt man ein kleines Loch in die Wolle, in das später beim Spielen ein Finger passt. Zum Schluss stickt man eine Schnauze auf und gibt dem Hasen ein paar Schnurrhaare.

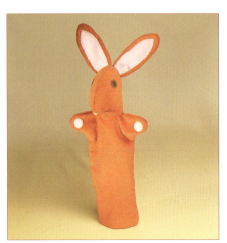

Abb. 22-3

Abb. 22-4

5 Ostereier verzieren

Es gibt viele Methoden, Eier zu verzieren. Für welche Technik man sich entscheidet, hängt davon ab, was man mit den Eiern vorhat: Sollen sie gegessen oder nur als Osterschmuck verwendet werden?
Im ersten Fall verzieren wir das *gekochte* Ei für den Verzehr am Ostertisch oder für die Eiersuche im Garten.
Im zweiten Fall verzieren wir ein *ausgeblasenes* Ei und hängen es am Osterbaum oder einem blühenden Zweig auf. Das verzierte Ei kann die gesamte Osterzeit als Schmuck dienen; es ist sogar möglich, ausgeblasene Eier vorsichtig zu verpacken und für das nächste Jahr aufzubewahren.

Bei manchen Techniken, z.B. der Batiktechnik, wird das Ei in eine Flüssigkeit getaucht. Ausgeblasene Eier eignen sich dazu allerdings nicht. Man verwendet in diesem Fall meist Eier, die zuvor eine halbe Stunde oder länger gekocht wurden, damit sie nicht so schnell verderben.

Ehe Sie mit dem Verzieren beginnen

Die Qualität von Eierschalen ist sehr unterschiedlich; man sollte deshalb vorher kontrollieren, ob die Eierschale nicht zu dünn ist (sie könnte dann beim Kochen platzen oder beim Ausblasen brechen) und ob die Oberfläche schön glatt ist.
Weiße Eier eignen sich zum Verzieren am besten. Sie sind jedoch oft nur schwer zu bekommen, da der Verbraucher braune Eier verlangt. Eierschale ist immer etwas fettig. Damit die Farbe gut haften bleibt, müssen die Eier daher erst mit etwas Essig oder Spülmittel entfettet und gesäubert werden.

Ehe man mit dem Ausblasen der Eier beginnt, sticht man mit einer Stecknadel oder einem Eierstecher oben und unten ein kleines Loch in das Ei. Die Öffnungen sind jetzt allerdings zum Ausblasen noch zu klein. Man nimmt deshalb zwei große Nägel (einen mit einem Durchmesser von ca. 2 mm, den anderen mit einem Durchmesser von 4 mm) und schleift die Spitze der Nägel mit Hilfe eines Schleifsteins oder Schmirgelpapiers so zurecht, dass vier scharfe Flächen entstehen. Jetzt können die Nägel als eine Art Bohrer fungieren, mit dem man vorsichtig die Löcher im Ei vergrößert. Will man das Ei nur ausblasen, genügt der dünne Nagel (Abb. 23-1).

Man bläst das Ei über einer Schüssel aus und reinigt es von innen, indem man entweder etwas Wasser in das Loch laufen lässt und es anschließend wieder ausbläst oder indem man etwas Wasser in den Mund nimmt und es durch das Ei bläst. Auf diese Weise bleiben keine Eireste in der Schale zurück. Nach dem Reinigen ist darauf zu achten, dass keine Wasserrückstände im Ei bleiben, da dies später beim Bemalen für unliebsame Überraschungen sorgen könnte. Abb. 23-2 zeigt eine sehr einfache Vorrichtung, als *Blas-fix* im Handel erhältlich, mit der sich Eier mühelos ausblasen lassen.

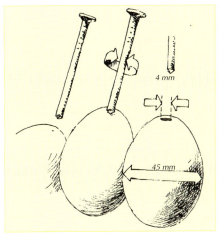

Abb. 23-1: Löcher bohren

Abb. 23-2: Blas-fix

Variation für die Batiktechnik:
Bei Eiern, die eine Zeit lang in einem (kochenden) Färbebad liegen müssen, vergrößert man das Loch an einer Seite mit dem dicken Nagel ein wenig. Dabei wird der Nagel mit leichtem Druck vorsichtig herumgedreht. Die scharfen Ränder bohren sich in das Ei, ohne dass es bricht. Die Flüssigkeit kann nun leicht in das Ei eindringen, so dass es unter Wasser bleibt.

Eier aufhängen

① Man befestigt einen Zwirnfaden an einem kleinen Stück Streichholz (oder dünnen Eisendraht) und schiebt das Streichholz mit dem Ende des Fadens durch das Loch im Ei. Wenn man den Faden jetzt hochzieht, bleibt das Streichholz quer vor dem Loch sitzen und kann nicht mehr herausrutschen.
② Sind die Löcher etwas größer, kann man auch ein dünnes Band durch das Loch ziehen und an der Unterseite zu einer Schleife binden. Anschließend kann man das Ei aufhängen.

Eier von Kindern verzieren lassen

Buntstifte; Wachsmalstifte

Das Verzieren von Eiern mit Buntstiften oder Wachsmalstiften ist die einfachste Methode (s. Abb. 22-4). Für Kinder sind dicke Kreidestifte oder -blöckchen als Zeichenmaterial am besten geeignet. Auch die Allerkleinsten können dabei mitmachen.

■ Abb. 24-1   Abb. 25-1

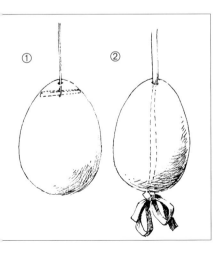

Man muss allerdings aufpassen, denn ausgeblasene Eier sind sehr zerbrechlich und können leicht von Kinderhänden zerdrückt werden.

Eier mit pflanzlicher Farbe färben

Tee, Kaffee, Kamille, Zwiebelschalen, Spinatwasser, Rote Beetesaft etc.
Täglich verwenden wir im Haushalt pflanzliche Produkte, die sich auch hervorragend zum Eierfärben eignen. Gemeint sind hiermit Produkte wie Teeblätter, Kaffee, Kamille und Zwiebelschalen sowie Gemüse wie Spinat und Rote Beete. Auch die Koschenille von den Kanarischen Inseln, Sandelholz aus Afrika oder Erzeugnisse aus orientalischen Ländern, wie z.B. die Gelbwurzel aus Indien, geben sehr schöne Farben ab. Einige dieser Produkte sind als Eierfarben im Handel erhältlich. Sie haben im Allgemeinen eine kurze Kochzeit (s. hierzu auch unter **Material** auf S. 116).

Die Eier werden in kochendem Wasser gefärbt. Ehe man die Eier ins Wasser taucht, müssen sie gut gesäubert werden. Natürlich erhalten weiße Eier eine schönere Farbe als braune.
Bei manchen Artikeln wie z.B. Kaffee oder Tee bringt man das Wasser erst zum Kochen, ehe man die Produkte hineingibt. Man lässt das Tee- oder Kaffeewasser kurz durchkochen und legt anschließend die Eier vorsichtig hinein.
In vielen Fällen wird man etwas experimentieren müssen, vor allem mit den Kochzeiten.

Für fast alle Pflanzenfarben gilt, dass man sie, im Gegensatz zu beispielsweise Batikfarben, nicht endlos verwenden kann. Nachdem man 5 bis 6 Eier gekocht hat, lässt die Farbkraft schon nach. Man sollte daher einen kleinen Topf benutzen und darauf achten, dass die Eier gut mit Wasser bedeckt sind (oder man dreht die Eier regelmäßig um).

Auf diese Weise erhält man eine ganze Farbpalette:
– *hellgelb:* die Eier werden in einem Sud von Kamillenblüten gekocht
– *hellbraun:* man kocht die Eier fünf bis zehn Minuten in Zwiebelschalenwasser
– *dunkelbraun:* man nimmt starken schwarzen Tee; auch Kaffee ist geeignet
– *rot:* hierzu eignet sich Rote-Beete-Saft hervorragend
– *grün:* man verwendet das Wasser von gekochtem Spinat oder Brennnesseln.

In allen Fällen trägt ein Schuss Essig zur Farbintensivierung bei.

Sind die Eier nach dem Färbebad gut trocken, kann man sie mit einem Tuch, das man in etwas Salatöl getränkt hat, einreiben. Sie bekommen dann einen leichten Glanz und färben nicht so schnell ab.
Die Eier an dem Osterbaum auf Abb. 14-1 wurden mit Pflanzenfarben gefärbt.

Eier mit Wasserfarbe bemalen

Farbe (Stockmar Farbe, Aquarellfarbe, Plakatfarbe oder Pflanzenfarbe)
Pinsel
Holzspieße
ein Stück Eisendraht
ein kleines Stück Stockmar Knetwachs

Abb. 26-1

Abb. 26-2

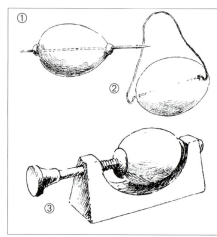

Abb. 26-3

Sollen die Eier mit Wasserfarbe (Plakatfarbe oder Aquarellfarbe) bemalt werden, muss man die Eier festhalten können, ohne mit den gerade bemalten nassen Teilen in Berührung zu kommen. Außerdem muss man das Ei drehen können. Hierfür gibt es verschiedene Hilfsmittel.

① Eine sehr einfache Möglichkeit ist es, einen Holzspieß durch die beiden Löcher zu stecken und ihn an beiden Seiten mit einem kleinen Stück Knetwachs am Ei zu befestigen.

② Man kann auch ein Stück Eisendraht so biegen, dass es wie eine Zange benutzt werden kann, deren beide Enden in die Löcher passen.

③ Schließlich gibt es im Handel auch Halter zu kaufen, zwischen die man das ausgeblasene Ei klemmen kann. Man bekommt den Halter zusammen mit sechs verschiedenen Farben Wasserfarbe, die aus natürlichen Grundstoffen hergestellt ist. Diese Farbe ist auch für ganz kleine Kinder absolut ungefährlich. Man kann ein Ei sofort bemalen oder es zuerst in ein Färbebad legen. Da ein Ei rund ist und die Schale Flüssigkeit nicht absorbiert, darf die Farbe, mit der es bemalt wird, nicht zu flüssig sein. Ansonsten kann man seiner Fantasie freien Lauf lassen.

Um die Farbe zu fixieren, werden die Eier, wenn sie richtig trocken sind, mit einer Lackschicht überzogen.

Eier mit Stockmar Schmuckwachs verzieren

Stockmar Knetwachs in verschiedenen Farben; Stockmar Schmuckwachs in verschiedenen Farben; ein scharfes Messer oder spitzer Holzspieß

Man nimmt ein kleines Stück Knetwachs in die Hand und knetet es, bis es warm und weich wird. Jetzt kann man das Wachs dünn auf das Ei auftragen und andrücken. Mit einem Messer oder Holzspieß können die Formen noch etwas akzentuiert werden.
Sehr dünne Streifen Schmuckwachs schneidet man am besten mit einem Messer ab und trägt sie anschließend vorsichtig auf das Ei auf. Da das Wachs transparent ist, kann man mehrere Schichten oder Farben übereinander auftragen (s. Abb. 24-1).

Eier durch Wegkratzen der Farbe verzieren

Ein scharfes Messer

Bei der Kratztechnik ist es wichtig, dass die Eier eine feste Schale haben. Natürlich kann man diese Technik auch bei hart gekochten Eiern anwenden. Ausgangspunkt ist ein gefärbtes Ei. Es empfiehlt sich, vorher mit ein paar dünnen Bleistiftstrichen anzudeuten, welche Formen weggekratzt werden sollen. Das Kratzen selbst erfolgt mit einem scharfen, spitzen Messer. Soll die blanke Eierschale wieder sichtbar werden, muss man einige Male kratzen. Kratzt man die Farbe nicht vollständig weg, entstehen hellere Farben (s. Abb. 26-1).

Eier bestempeln

Plakatfarbe; eine rohe Kartoffel; ein Küchenmesser

Mit Hilfe von Stempeln kann dasselbe Motiv endlos wiederholt werden, wodurch eine harmonische Figur entsteht. Indem man verschiedene Farben verwendet und das Ei dreht, kann man außerdem sehr witzige Effekte erzielen.
① Man schneidet dazu eine Kartoffel in ein paar große Stücke. Dabei sollte wenigstens eine der Schnittflächen glatt sein. Anschließend wird die Kartoffel mit Küchenpapier trockengetupft. ② Dann schnitzt man mit dem Messer Figuren in die glatte Fläche und ③ benutzt diese zum Stempeln (vgl. Abb. 27-1).
Nun verstreicht man ein wenig unverdünnte Plakatfarbe auf einem flachen Teller, drückt den Stempel hinein und macht einen Abdruck auf dem Ei. Dabei folgt man der Rundung des Eis. Je nach Wunsch können verschiedene Farben benutzt werden.
Man lässt die Farbe gut trocknen und fixiert das Ganze zum Schluss mit einer dünnen Schicht Lack.

Eier mit Textilien und Wolle verzieren

Textilreste
Hobbykleber
Wolle in verschiedenen Farben
ein Klebestift

Wie Abb. 28-1 zeigt, kann man Eier auf einfache Weise verzieren, indem man Textilreste auf das Ei klebt. Man sollte dazu einen schnell trocknenden Kleber in einer Tube mit einer kleinen Öffnung verwenden, damit nicht zu viel Klebstoff auf das Ei gerät. Eingetrockneter Kleber hinterlässt störende Glanzflecken an den Rändern der Verzierung. Will man ein Ei mit einem Wollfaden bekleben, beginnt man immer am oberen oder unteren Ende (vgl. Abb. 27-2). Auf diese Weise kann man den Faden zur Mitte hin fest um das Ei legen. Arbeitet man von der Mitte aus zu den Spitzen hin, entstehen schnell Lücken zwischen den Fäden. Zum Aufkleben der Wollfäden benutzt man einen Klebestift. ① Damit trägt man an der Eispitze etwas Klebstoff auf (achten Sie darauf, dass das Loch frei bleibt),

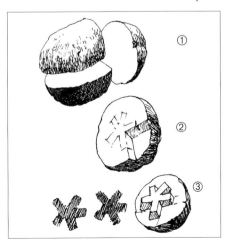

Abb. 27-1: Eier bestempeln

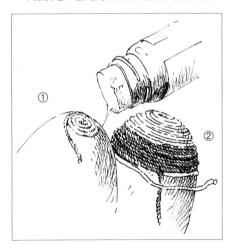

Abb. 27-2: Eier mit Wolle bekleben

drückt das Ende eines Wollfadens in den Klebstoff und legt ihn zu einer schönen, runden Schlinge. Man drückt die Schlinge gut an und wickelt anschließend den Wollfaden vorsichtig schneckenförmig um die Schlinge herum. Es wird immer nur so viel Klebstoff aufgetragen, dass er für ein bis zwei Runden reicht.

② Beim Wechseln der Farbe legt man den neuen Wollfaden am alten an und wandert damit um das Ei, bis man wieder auf den Anfang der neuen Farbe trifft. Nun legt man den neuen Faden über den alten und lässt Letzteren vertikal nach unten hängen, um später eventuell damit weiterarbeiten zu können. Die Farben beginnen dann immer an derselben Stelle.

Für ein symmetrisch verziertes Ei klebt man abwechselnd Fäden auf die obere und untere Spitze, so dass die Verzierung auf beiden Eihälften gleichmäßig anwächst.

Wenn das Ei vollständig beklebt ist, schneidet man die losen Fäden ab und klebt die Enden auf dem Ei fest.

Eier mit getrockneten Blumen und Blättern verzieren

getrocknete Blumen und Blätter Hobbykleber

In der Osterzeit gibt es noch wenig Blumen, die zum Trocknen geeignet sind. Daher sollte man schon im Sommer zuvor eine geeignete Sammlung getrockneter Blumen anlegen. Es empfiehlt sich, im Urlaub immer eine kleine Blumenpresse bei der Hand zu haben. Der Filz zwischen den beiden Brettern nimmt die Feuchtigkeit aus den Blumen auf.

Abb. 28-1

Ein Ei ist nur 6 cm hoch; kleine Blüten und Blätter kommen daher am besten zur Geltung. Suchen Sie Blüten, Blütendolden und Blätter aus, die eine stark silhouettenhafte Wirkung haben oder schön gleichmäßig geformt sind. Ein Blätterkranz um einen Stiel wirkt auf einem Ei ebenso gut wie die prächtigen Formen eines tief eingeschnittenen Blattes. Man sollte jedoch nicht zu dünne Blütenblätter verwenden, da diese beim Aufkleben schnell beschädigt werden könnten.

Die Blüten und Blätter werden mit etwas Klebstoff auf das weiße oder gefärbte Ei geklebt und kurz mit der Hand angedrückt, bis der Klebstoff angetrocknet ist. Auf diese Weise kann man mit äußerst einfachen Mitteln prachtvoll verzierte Eier anfertigen (s. z.B. die Doldenblüte auf dem grünen Ei auf Abb. 31-2).

Eier mit Filigranpapier verzieren

Filigranpapier; ein Filigranstift; eine Pinzette; Klebstoff mit kleiner Tubenöffnung

Das Basteln mit Filigranpapier erfordert Präzision, macht jedoch viel Spaß und sieht hübsch aus.

Das Arbeiten mit Filigranpapier ist eine alte Volkskunst, bei der man schmale Streifen Papier um einen Gänsefederkiel wickelte. Das untere Ende des Kiels wurde eingeritzt, um ein Ende des Papierstreifens daran befestigen zu können.

Wir arbeiten hier mit Papierstreifen, die 3 oder 4 mm breit sind. Sie sind im Handel in Längen von 50 cm erhältlich. Man geht daher von dieser Länge aus und nimmt z.B. die Hälfte oder ein Viertel einer Länge.

Anstelle eines Gänsefederkiels hält der Handel heute einen Filigranstift bereit. Das eine Ende des Papierstreifens wird in die Spalte am Stift gesteckt, ehe man den Streifen um den Stift wickelt. Anstelle eines Filigranstifts kann man auch einen Cocktailsticker verwenden. Wer in dieser Technik sehr erfahren ist, könnte sogar eine Stecknadel nehmen, denn je kleiner das Loch innen ist, desto schöner wird das Ergebnis. Hat man den Papierstreifen vollständig um

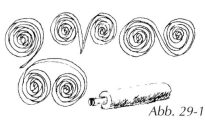

Abb. 29-1

den Stift gewickelt, wird das letzte Stück zu einer Schlinge gelegt und mit einem Klecks Klebstoff befestigt. Zieht man anschließend das Röllchen von dem Stift bzw. Sticker, rollt sich der Streifen bis zum festgeklebten Ende ab, wodurch der typische Effekt entsteht. Bei einer offenen Spirale ist Festkleben nicht erforderlich. Abb. 29-1 zeigt einige der Spiralformen, die in diesem Buch zur Verzierung der Eier verwendet wurden (s. Abb. 31-4 und 31-7). Bei den kleinen Röllchen auf der Abbildung wurde das Ende ohne Schlinge festgeklebt. Selbstverständlich sind noch viele weitere Variationen und Formen möglich.

Eier mit Stroh und Holzspänen verzieren

Strohhalme; Holzspäne; eine Pinzette; ein scharfes Messer oder eine Schere; Klebstoff mit einer kleinen Tubenöffnung; eine Zinkplatte oder Plexiglasscheibe als Unterlage zum Schneiden

Das Arbeiten mit Holzspänen oder Stroh ist eine knifflige Sache. Die Stücke sind oft so klein, dass man eine Pinzette braucht, um sie festhalten zu können.

Holzspäne sind sehr weich und dünn und daher leicht zu verarbeiten. Strohhalme hingegen sind viel härter, besitzen dafür aber eine prächtig glänzende Oberfläche.

Strohhalme müssen zuerst eine halbe Stunde einweichen, ehe man sie aufschneiden und glatt bügeln kann. Man macht diese Arbeit am besten einen Tag zuvor und legt die glatt gebügelten Strohhalme in ein Buch, damit sie sich nicht wellen können. Auf Abb. 31-8/9 sind das naturfarbene, braune Ei sowie das rosafarbene Ei mit Holzspänen verziert, die Eier auf Abb. 31-5/6 wurden mit Strohhalmen geschmückt.

Man zeichnet auf einem Blatt Papier die ovale Form eines Eis und fertigt eine Skizze von der Figur an, die man machen will; dies erfordert einiges Experimentieren.

Das Arbeiten mit Stroh verlangt eine symmetrische Form. Man schneidet die Strohhalme mit Messer oder Schere zu und legt sie sich in der gewünschten Form zurecht. Wem es zu schwierig ist, die Strohhalme anschließend direkt auf das Ei zu kleben, der zeichnet vorher mit einem spitzen hellblauen Buntstift ein paar kaum sichtbare Hilfslinien auf das Ei.

Dann beginnt man mit dem Aufkleben, eventuell mit Hilfe einer Pinzette. Man trägt den Klebstoff sparsam auf und drückt die Halme von Zeit zu Zeit vorsichtig mit der Hand an. Im Laufe der Arbeit kann man sehen, ob man noch etwas hinzufügen oder weglassen will. Man sollte vor allem nicht mit zu komplizierten Figuren anfangen; daran kann man sich später noch wagen, wenn man genügend Erfahrung besitzt.

Das rosa Ei auf Abb. 31-9 ist mit Quadraten beklebt. Das ist ein gewagtes Unternehmen, da sich die Quadrate mit dem runden Ei nur schwer verbinden lassen. In diesem Fall gestaltet man Vor- und Rückseite am besten identisch und mogelt an den Seiten ein wenig.

Eier mit Blumen und Kräutern batiken

trockene, braune Zwiebelschalen; junge Blätter und Blüten; alte Nylonstrümpfe; Zwirn

Um Ostern herum findet man im Allgemeinen in der Natur bereits zahlreiche schlichte Blumen wie Gänseblümchen, Scharbockskraut, Geranien und Veronika. Auch die Blätter von z.B. Schafgarbe, Wiesenkerbel, Klee und Scharbockskraut können schon verwendet werden.

Man feuchtet eine oder mehrere Blüten oder Blättchen kurz an und legt sie auf das rohe Ei. Durch die Feuchtigkeit bleiben sie haften. Man nimmt eine große Zwiebelschale und legt sie über das Ei. Anschließend wird das Ei in mehrere Zwiebelschalen gewickelt, bis es nicht mehr zu sehen ist. Man steckt das Päckchen in einen Nylonstrumpf und bindet diesen so fest um das Ei, dass die Zwiebelschalen nicht verrutschen. Jetzt bedeckt man den Boden eines Topfes mit Zwiebelschalen und legt das in den Nylonstrumpf gewickelte Ei darauf. Man füllt den Topf mit Wasser und lässt das Ganze ca. 10 Minuten leicht kochen. Das Ei muss erst im Topf abkühlen, ehe es aus der Zwiebel geschält werden kann. Wenn die letzte Zwiebelschale abgepellt ist und auch die Blätter entfernt worden sind, hat das Ei durch die Zwiebelschalen eine braune Farbe erhalten, während die Form der Blätter ausgespart geblieben

ist. Man kann nun die Eier leicht mit Speiseöl einreiben.

Man kann die Eier natürlich auch in einem Färbebad kochen.

Ostereier aus Tschechien und der Ukraine

Das Verzieren von Eiern mit der Batikmethode ist eine alte Volkskunst, die aus den slawischen Ländern stammt und heute noch ausgeübt wird. Zwischen den einzelnen Ländern und Regionen gibt es beachtliche Unterschiede bei den Formen und Motiven. Die zwei obersten Eier auf Abb. 32-1 wurden von Bohunka Simková aus Prag angefertigt, die diese Arbeit schon seit Jahrzehnten ausübt; bei diesen Eiern stehen Sonnen- und Blumenmotive im Mittelpunkt. Die beiden untersten Eier auf Abb. 32-1 kommen aus der Ukraine, wo beim Verzieren mehr geometrische Formen benutzt werden.

Bienenwachs, eventuell vermischt mit Paraffin; eine Kerze; ein Batikstift oder ein Halter mit Stecknadel; Essig; ein Flanelltuch; Gummiringe; Batikfarben

Diese Art, Eier zu verzieren, erfordert viel Geduld und Übung; am Anfang kann es schon einmal misslingen. Man sollte daher zunächst mit sehr einfachen Motiven beginnen. Abb. 33-1 zeigt eine Anzahl Grundformen, die man selbstverständlich immer mehr erweitern kann.

Es können sowohl gekochte als auch ausgeblasene Eier verwendet werden; das schwerere, gekochte Ei lässt sich allerdings leichter ins Färbebad tauchen Um eventuelle Fettreste zu entfernen, wird das Ei mit einem in Essig getränkten Tuch abgerieben. Danach sollte man es nur noch mit einem Tuch festhalten, da

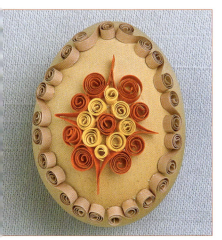

Abb. 31-1 bis 9

Abb. 32-1

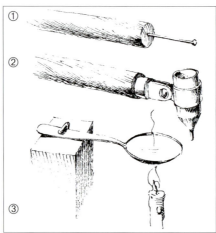

Abb. 32-2

das Ei an den Stellen, wo man es mit möglicherweise fettigen Händen angefasst hat, keine Farbe mehr annimmt.

① Der einfachste *Batikstift* ist ein runder Holzstift, in dem eine Nadel befestigt wird. Ein derartiger Stift wurde beim Anfertigen der in diesem Buch gezeigten Beispiele benutzt. ② Es sind auch spezielle Eier-Batikstifte erhältlich, z.B. ein Stift mit einem kupfernen Behälter für das flüssige Wachs wie bei Textilbatikstiften, in diesem Fall aber mit einer viel kleineren Tülle. Indem man den Behälter über einer Kerzenflamme erwärmt, bleibt das Wachs flüssig. Es gibt auch einen Batikstift, dessen Kopf in eine Kerzenflamme gehalten wird, bis er richtig heiß ist. Anschließend drückt man ihn in einen Würfel Bienenwachs. Auf diese Weise bildet sich um den Stift herum eine dünne, flüssige Wachsschicht.

Schließlich kann man auch den Kiel einer Feder benutzen, um das Wachs anzubringen; die Form des Federkiels bestimmt den Charakter der Zeichnung.

Das Bienenwachs (eventuell mit ein wenig Paraffin vermischt, um es noch etwas dünnflüssiger zu machen) wird im Wasserbad erwärmt, indem man z.B. eine kleine Dose mit Wachs in einen Topf oder eine Dose mit kochendem Wasser stellt. ③ Mit einem alten Löffel kann man auf einfache Weise einen Wachsbehälter herstellen.

Das Auftragen des Wachses erfordert Präzision. Man taucht dazu den Stecknadelkopf immer wieder in das flüssige Wachs und zeichnet mit dem Wachs das gewünschte Muster auf das Ei.

Ein Ei verlangt Symmetrie. Man beginnt deshalb immer in der Mitte und arbeitet sich von dort aus zu den Spitzen vor (vgl. das oberste Ei auf Abb. 32-1). Dasselbe gilt auch beim Anfertigen von Bändern oder Girlanden. Auch hier gehen wir von der Mitte des Eis aus. Am Anfang kann es eine Hilfe sein, wenn man das Muster mit einem gelben oder blauen Buntstift ganz leicht auf dem Ei andeutet. Bei Linien oder Girlanden, die um das ganze Ei herumlaufen, kann man als Orientierungshilfe ein oder zwei Gummiringe um das Ei spannen.

Beim Batiken nimmt das mit Wachs hergestellte Muster im Färbebad keine Farbe an. Man beginnt am besten mit einem einfarbigen Ei. Dazu wird mit dem Wachs die gewünschte Form auf das Ei gezeichnet; das Wachs ist fast sofort trocken, und das Ei kann direkt in ein Färbebad getaucht werden.

Dieses Färbebad muss kalt sein, da sonst das Wachs auf dem Ei schmelzen würde. Das Ei wird so lange in das Färbebad gelegt, bis es die gewünschte Farbintensität erhalten hat. Ein ausgeblasenes Ei lässt sich kaum untertauchen. In diesem Fall ① steckt man am besten ein Stöckchen durch das Ei (s. Abb. 26-3) und begießt es anschließend mit der Farbe. Nach dem Färben legt man das Ei in den warmen Ofen oder erwärmt es mit dem Föhn. Sobald das Wachs zu glänzen anfängt, kann man es mit einem Papiertuch abwischen. Jetzt ist das Ei fertig. Man kann es zum Schluss noch mit etwas Öl einreiben.

Für ein mehrfarbiges Batikei beginnen wir mit der hellsten Farbe. Man zeichnet mit dem Batikstift ein Muster auf das weiße Ei und taucht es in ein gelbes Färbebad. Würde man das Wachs jetzt entfernen, erhielte man ein weißes Muster auf gelbem Untergrund. Wir lassen das Wachs jedoch noch auf dem Ei und zeichnen, wenn die Farbe getrocknet ist, ein neues Muster, diesmal auf dem gelben Untergrund. Nun wählt man ein dunkleres Färbebad, z. B. rot. Man erhält jeweils ein Muster in Weiß sowie ein Muster in Gelb auf rotem Untergrund. Jetzt bringt man auf dem roten Untergrund ein weiteres Muster an und taucht das Ei in ein noch dunkleres Färbebad, z.B. schwarz. Nachdem man das Ei erwärmt und das schmelzende Wachs abgewischt hat, wird das Ei schließlich ein Muster in den Farben Weiß, Gelb und Rot auf schwarzem Untergrund zeigen.

6 Arbeiten mit Papier

Einfache Frühlingstransparente

Man kann verschiedene Arten von Transparenten herstellen, ganz einfache, aber auch recht komplizierte (S. 76 ff.).

Schnitte aus Zickzackpapier

dünner Karton (ca. 150 g) in verschiedenen Farben; ein scharfes Messer oder eine spitze Schere; Hobbykleber

Für diese Osterschnitte eignen sich viele Motive: ein Osterhase (Abb. 33-2), ein Huhn oder Hahn, aber auch einfache Blumen oder ein Ei.
Man nimmt dazu recht dünnen Karton und faltet diesen nicht zu oft, da sich das Ganze sonst nicht mehr schneiden lässt.
① Als Erstes schaut man, wie groß der Bogen ist und wie oft er sich falten lässt. Es empfiehlt sich eine gerade Anzahl Falten, damit die beiden Enden des Zickzackschnitts gleich sind.
② Dann skizziert man auf einem Blatt Papier die gewünschte Figur und zeichnet diese anschließend auf der Außenseite des inzwischen zickzackgefalteten Kartons nach oder paust sie mit Hilfe eines Kohlepapiers durch.
③ Es ist wichtig, dass nach dem Schneiden in den Falten genügend Punkte miteinander verbunden bleiben, damit die ausgeschnittene Figur nicht umfällt. Nun schneidet man die Form aus.
Eine fertige Figur kann von den Kindern noch beklebt oder bemalt werden. Es ist auch möglich, zwei oder mehrere Bilder anzufertigen und diese voreinander zu stellen, um so eine Art Geschichte entstehen zu lassen (s. z.B. Abb. 34-2, wo das Huhn auf den Hahn zuläuft).

Abb. 33-2

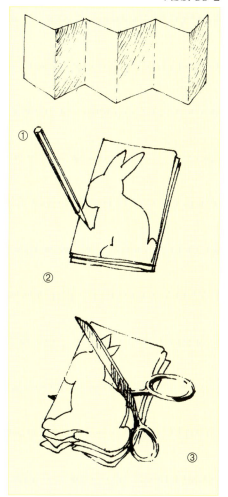

Abb. 33-1

Abb. 34-1 bis 3

Origami Huhn (Abb. 35-2)

Einige quadratische Faltblätter in Farben nach eigener Wahl; (Format 9 x 9 cm, 10 x 10 cm oder 12 x 12 cm); ein Stück orangen oder roten Karton; Hobbykleber

① Man faltet das Blatt einmal diagonal doppelt, so dass die Spitzen B und C aufeinander treffen. Dann wird das Blatt wieder geöffnet.
② Jetzt faltet man die Spitzen B und C gegen die Diagonale nach innen und befestigt beide mit etwas Klebstoff.
③ Anschließend wird Spitze D zu Spitze A gefaltet.
④ Nun wendet man das Faltwerk so, dass die Spitzen E und F vertauscht sind. Danach wird das Blatt so gefaltet, dass Spitze E und F aufeinander treffen.
⑤ Jetzt zieht man die äußerste Spitze A nach außen und faltet das Blatt entlang der Linie B.
⑥ Anschließend wird die Spitze von A nach innen gedrückt, so dass ein Schnabel entsteht. Zum Schluss schneidet man aus einem Stück Karton einen Kamm und klebt diesen in die gerade entstandene Falte.

Das Huhn kann jetzt auf Faltlinie B stehen. Wenn wir B etwas kleiner machen, wird Falte A etwas größer. Das Huhn kann dann auf Faltlinie A stehen, wodurch der Eindruck entsteht, dass das Huhn pickt. Man kann dem Huhn auch noch Augen aufkleben. Nimmt man Faltblätter von unterschiedlichem Format, erhält man eine bunte Hühnergesellschaft.

Origami Häschen (Abb. 36-1)

Faltblätter in Farben nach eigener Wahl (Format z.B. 14 x 14 cm); Hobbykleber
① Man faltet das Blatt einmal diagonal doppelt, so dass die Spitzen A und D aufeinander treffen. Dann wird das Blatt wieder geöffnet.
② Jetzt faltet man die Spitzen A und D gegen die Diagonale nach innen und befestigt sie mit etwas Klebstoff.
③ Anschließend faltet man die Spitzen E und F ebenfalls zur Diagonalen hin und klebt sie fest.
④ Nun wird das Blatt entlang der Diagonalen gefalzt, so dass sich die gefalteten Spitzen E und F an der Außenseite befinden. Danach wird die Linie B – C von B aus über eine Länge von ungefähr einem Viertel des Abstands B – C eingeschnitten. Anschließend schneidet man die Linie B – C von C aus bis zur Spitze E ein. Zum Schluss wird die Linie E – G bis ungefähr zur Hälfte des Abstands E – G eingeschnitten.

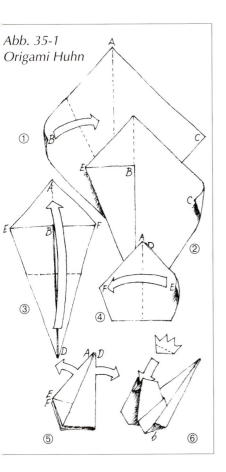

Abb. 35-1 Origami Huhn

Abb. 35-2

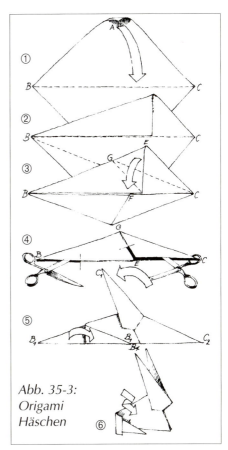

Abb. 35-3: Origami Häschen

Abb. 36-1

⑤ Es sind jetzt je zwei Spitzen C und B entstanden. Punkt C1 wird nach oben geknickt und bildet eines der beiden Ohren, während B1 nach vorne geknickt wird und eine der Hinterpfoten formt. Dasselbe wiederholt man mit C2 und B2.
⑥ Zum Schluss macht man bei den Hinterpfoten noch einen Extraknick, um die Hinterpfoten des Hasen zu markieren. Dieser Kniff sorgt auch dafür, dass der Hase stehen bleibt.
Eventuell können die Kinder die Hasen noch mit Buntstiften anmalen.
Auch bei den Origami Häschen kann man das Format der Faltblätter variieren.

Origami Schwan (Abb. 36-3)

weiße Faltblätter von 12 x 12 cm
Hobbykleber
① Man faltet das Blatt einmal diagonal doppelt, so dass die Spitzen B und C aufeinander treffen. Dann wird das Blatt wieder geöffnet.
② Nun faltet man die Spitzen B und C nach innen gegen die Diagonale.
③ Danach wird Spitze D nach oben zu der Stelle gefaltet, wo die Spitzen B und C aufeinander treffen. Anschließend faltet man Spitze D um ein Viertel zurück.
④ Jetzt wird das Blatt so gefaltet, dass die Spitzen E und F aufeinander treffen, wobei die gerade gefaltete Spitze D an der Außenseite bleibt.
Zum Schluss zieht man die Spitze von D nach vorne, drückt die dabei entstandenen Falten fest an, und fertig ist der Schwan.

Abb. 36-2 Origami Schwan

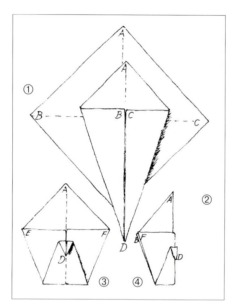

Abb. 36-3

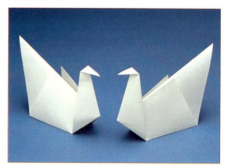

7 Vorsommer

Pfingstvogel aus feinem Brotteig

Zubereitung:
Nach dem Rezept von S. 17 wird ein feiner Brotteig hergestellt. Man teilt den Teig in 8 Stücke, formt jedes Stück zu einer Rolle und schlingt einen Knoten hinein. Anschließend wird der Schwanz einige Male eingeschnitten.
Zum Schluss macht man mit dem Messer zwei Löcher für Auge und Schnabel. Als Auge kann man eine Rosine nehmen, für den Schnabel eine Nuss.

Abb. 36-4

Schmetterlinge aus Seidenpapier

Seidenpapier in verschiedenen Farben
Holzspieße
Plakatfarbe
Stockmar Knetwachs
dünner Eisendraht
Hobbykleber

Man sucht pro Schmetterling 3 verschiedene Farben Seidenpapier aus, schneidet daraus Bögen von 8 x 9 cm und faltet diese doppelt, so dass ein Format von 8 x 4,5 cm entsteht. Man zeichnet auf die Bögen jeweils einen Schmetterlingsflügel und schneidet die drei Flügel aus. Anschließend markiert man mit einem Bleistift, wie viel kleiner der zweite und dritte Flügel sein sollen und schneidet die Flügel auf die entsprechende Größe. Dann klebt man die Flügel im Knick mit etwas Klebstoff zusammen.
Die *Augen* des Schmetterlings werden aus einem Rest Seidenpapier angefertigt und aufgeklebt.
Nun bemalt man einen Holzspieß. Anschließend nimmt man ein Stück dünnen Eisendraht doppelt, wickelt das geschlossene Ende um die Spitze des Holzspießes und umhüllt das Ganze mit einem Kügelchen braunen Knetwachses. Eventuell schneidet man jetzt noch die zwei Enden des Eisendrahts auf die richtige Länge und drückt ein kleines Kügelchen Wachs an beiden Enden fest.
Zum Schluss werden die Flügel auf den Holzspieß geklebt. Jetzt kann man die Schmetterlinge in einen Topf mit Blumen stecken.

Tauben aus Karton und Seidenpapier

dünner, weißer Karton (ca. 145 g)
weißes Seidenpapier oder Pauspapier
eine scharfe, spitze Schere
ein Zwirnfaden

① Man zeichnet auf den Karton Kopf, Rumpf und Schwanz einer Taube und schneidet das Ganze anschließend aus. Das Auge wird entweder ausgeschnitten oder auf den Kopf gezeichnet. In die Mitte des Rumpfes schneidet man einen Schlitz; hier werden später die *Flügel* hineingesteckt.
② Für die Flügel nimmt man ein Stück Seidenpapier von ca. 8 x 12 cm. Dann faltet man an der kurzen Seite einen Streifen von 1 cm um, wendet das Blatt und faltet wieder einen Streifen von 1 cm um. Auf diese Weise fährt man fort, bis 12 Zickzackfalten entstanden sind.
③ Anschließend schiebt man das gefaltete Blatt durch den Schlitz im Rumpfteil, zieht die beiden Enden nach oben und klebt sie mit etwas Klebstoff zusammen. Zum Schluss zieht man mit einer Nadel einen Zwirnfaden durch den Flügelrand und hängt den Vogel daran auf.
Abb. 37-3 zeigt ein Mobile mit zwölf Tauben.

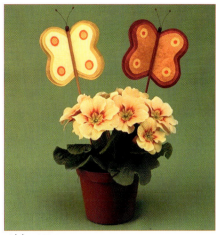

Abb. 37-2

Abb. 37-3

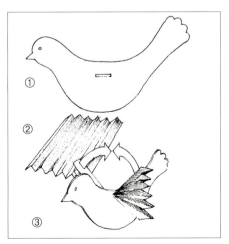

Abb. 37-1

Blumen aus Seidenpapier

Seidenpapier in verschiedenen Farben; Kupferdraht (0,8 mm dick); Hobbykleber; ein Wattebausch; Zwirn; eine kleine, spitze Zange; sehr dünner Eisendraht oder Blumendraht; (0,25 – 0,35 mm dick)

Der Stiel und das Herz:
Abb. 39-1 zeigt eine Vase mit einer Anzahl verschiedener Blumen, die auf drei unterschiedliche Arten angefertigt werden können. ① Der *Stiel* ist bei allen Blumen gleich. Man nimmt dazu ein Stück Kupfer- oder Eisendraht (Kupferdraht lässt sich leichter biegen) und wählt die Länge des Drahtes abhängig von der Vase, in die man die Blumen stellen möchte.
② Dann formt man mit der Zange an einem Ende des Eisendrahtes eine Art Spirale und umhüllt diese mit einem kleinen Wattebausch.
③ Die Farbe des Seidenpapiers richtet sich nach der Farbe der übrigen Blume. Anschließend nimmt man ein quadratisches Stück Seidenpapier, legt es über die mit Watte umhüllte Spirale und bindet die Kugel ab.
④ Für Blumen mit Staubblättern im *Blütenherz* nimmt man einige Stücke sehr dünnen Eisendrahts von 6 bis 7 cm Länge und knüpft in das eine Ende jedes Drahtes eine Perle. Dann bindet man die Staubblätter zusammen, indem man die dünnen Eisendrähte umeinander dreht. Anschließend befestigt man dieses Bündel an dem dickeren Eisendraht, indem man es einige Male um eine Schlinge wickelt.
⑤ Es gibt auch Blumen, wie z.B. die rote Rose, die kein sichtbares Herz besitzen. Hierfür wird ein Stück Eisendraht an einem Ende umgebogen. Um später beim Umwickeln der Blüte einen besseren Halt zu haben, klebt man ein

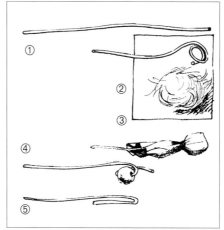

Abb. 38-1 Stiel und Herz

kleines Stück Seidenpapier um dieses Ende.
Beim Anfertigen von Papierblumen kann man versuchen, natürliche Blumen so exakt wie möglich nachzugestalten; man kann aber auch Fantasieblumen herstellen, so, wie wir es in diesem Buch getan haben.

Die Wickeltechnik (Abb. 38-2 ① – ③)
① Man wählt eine Farbe für die *Blütenblätter* aus und schneidet einen Streifen Seidenpapier in der entsprechenden Farbe ab. Der Streifen darf 4 – 5 cm breit sein. ② Anschließend faltet man den Papierstreifen in der Länge so oft doppelt, bis er die gewünschte Breite eines Blütenblattes erhalten hat. Diese Breite kann von 4 cm (für die roten und rosa Rosen) bis 2 cm (für die dunkelgelben Blumen) variieren. ③ Dann schneidet man die kurze Seite des zusammengefalteten Päckchens rund. Man faltet das Päckchen wieder auf und befestigt das eine Ende des Streifens mit etwas Klebstoff am oberen Stielende. Klebt man den Streifen zu tief an, ergeben sich beim Wickeln Probleme, mit dem Resultat, dass die Blätter zu dicht zusammenstehen.

Man beginnt mit dem Ineinanderfalten der Blätter in der Höhe, wo der Streifen angeklebt wurde und wickelt gleichzeitig den Streifen um den Eisendraht. Je weiter man wickelt, desto mehr nähert man sich dem unteren Streifenrand des Blütenblattes. Wenn der Streifen vollständig um den Eisendraht gewickelt ist, wird das Ende festgeklebt. Sollte die Blüte noch nicht ausreichend gefüllt sein, wiederholt man den Arbeitsvorgang mit einem halben oder

Abb. 39-1

Abb. 38-2 Blütenblätter

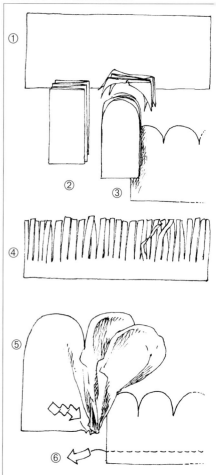

eventuell sogar ganzen Streifen. Dann bindet man den unteren Rand der Blütenblätter mit etwas Zwirn gut fest. Anschließend folgt die Fertigstellung des *Blütenstiels*. Hierzu umwickelt man den Eisendraht mit einem Streifen grünen Seidenpapier. Erst wenn der Stiel vollständig umwickelt ist, werden die zuvor ausgeschnittenen Blätter daran festgeklebt, wobei man das eine Ende um den Stiel wickelt.

Variation:
Man kann auch nelkenartige Blumen herstellen. Die Blütenblätter bestehen in diesem Fall aus ganz schmalen Streifen, die gerade so weit gefaltet werden, dass die Breite eines Blütenblattes entsteht. Dabei ist zu berücksichtigen, dass man das Päckchen mit der Schere noch schneiden können muss. Anschließend wird eine der beiden kurzen Seiten in dünne Streifen geschnitten. Beim Festkleben und Umwickeln folgt man der oben beschriebenen Arbeitsanleitung.

Die Fädeltechnik (Abb. 38-2 ⑤)
Auf Abb. 39-1 ist zu erkennen, dass die gelbe Blume, die rechts oben herausragt, 6 Blütenblätter besitzt. Abhängig von der Größe der Blüte sind die Blütenblätter 2 bis 3 cm breit.
Bei der Fädeltechnik folgt man der oben beschriebenen Arbeitsanleitung bis einschließlich ③. Zuvor sucht man jedoch 3 bis 5 verschiedene Farben aus (selbstverständlich kann man auch 3 bis 5 Blätter gleicher Farbe nehmen). Dann schneidet man die Streifen zu und legt sie alle aufeinander, ehe man mit dem Falten beginnt. Nachdem die Blätter rund geschnitten worden sind, haben damit alle Streifen dieselbe Form.
⑤ Anschließend faltet man die Streifen wieder auseinander und klebt sie ziegelförmig am unteren Rand aufeinander.

⑥ Dann reiht man etwa ein Drittel vom unteren Rand entfernt einen Faden durch alle Blätter. Die Streifen sind jetzt durch den Faden miteinander verbunden, und man kann den untersten Teil 1/2 cm vom Heftfaden entfernt abschneiden.
Nun werden die obersten und untersten Blätter mit einem kleinen Streifen Seidenpapier in der entsprechenden Farbe zusammengeklebt, so dass ein rundes Röhrchen entsteht (statt einen Streifen auf 2 Blütenblätter zu kleben, kann man natürlich schon zu Beginn einen kleinen Streifen an einem der beiden Enden stehen lassen).
Dann zieht man die Fäden so fest wie

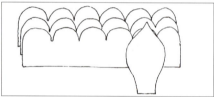

Abb. 40-1

möglich an und verknotet die Enden. Anschließend führt man den Stiel durch das Röhrchen und klebt den Stempel an den Blütenblättern fest. Zum Schluss faltet man die Blütenblätter schön auseinander.
Im Übrigen wird die Blume auf dieselbe Weise zu Ende gearbeitet wie bei der Wickeltechnik.

Blüten aus losen Blättern
Sobald man einen Streifen Seidenpapier zu einem Päckchen gefaltet hat, schneidet man daraus die losen Blätter wie auf Abb. 40-1 angegeben. Anschließend werden die Blätter nacheinander ziegelartig unter den festgebundenen Stempel auf das dort vorhandene Papier geklebt. Wie viele Blätter man verwendet und ob man sich für eine oder mehrere Farben entscheidet, bleibt jedem selbst überlassen.

Nachdem man das letzte Blatt angeklebt hat, werden die Blätter mit einem Draht gut befestigt, so dass sie jetzt von selbst nach außen stehen. Eventuell muss man die einzelnen Blätter noch etwas weiter nach außen falten.
Im Übrigen folgt man der Anleitung für die oben beschriebene Wickeltechnik.

Elfen aus Seidenpapier

Seidenpapier in verschiedenen Farben
Nähgarn in verschiedenen Farben
ungesponnene Wolle oder Watte
ein Stück dicker Eisendraht oder Rohr
für den Reifen

Man zieht auf einem leeren Blatt Papier einen Kreis mit einem Durchmesser von ca. 14 cm und zeichnet anschließend nach dem Modell von Abb. 41-1 die Flügel. Dann schneidet man die beiden Zeichnungen aus, legt sie auf ein Blatt Seidenpapier und schneidet die Formen nach. Dieser Vorgang wird so oft wiederholt, wie man Elfen haben will.
Nun formt man aus ungesponnener Wolle oder Watte eine kleine Kugel in der Größe eines kleinen Fingernagels. Man legt die Kugel in die Mitte des runden Stücks Seidenpapier, schlägt die eine Hälfte darüber und sorgt dafür,

Abb. 40-2 ➡

dass die Kugel wie ein Köpfchen in der Mitte liegen bleibt. Anschließend knotet man einen Faden Nähgarn in der Farbe des Seidenpapiers um den Hals.
Jetzt schaut man zuerst, welche Seite am schönsten ist: Dies wird die Vorderseite. Sollte der Garnknoten an der Vorderseite sitzen, knüpft man an der Rückseite noch einen Knoten. Die beiden Garnenden müssen aber noch lang genug sein, da hiermit jetzt die Flügel in der Mitte gut auf dem Rücken festgebunden werden. Man zieht die Fäden fest an, so dass die Flügel nicht mehr hin und her schaukeln können, und schneidet die Fäden ab.
Dann nimmt man einen neuen Faden, ebenfalls in der Farbe des Seidenpapiers, und zieht ihn mit einer Nadel durch den Hals der Elfe, so dass sich an beiden Seiten des Köpfchens ein Faden befindet. Man verknotet die beiden Stücke ca. 4 cm über dem Kopf, schneidet einen der beiden Fäden ab und benutzt den anderen, um die Elfe daran aufzuhängen. Jetzt kann man die Elfe noch gerade hängen. Sobald die Elfe hängt, wird der Körper schön drapiert.
Zum Schluss fertigt man aus Eisendraht oder einem Stück Rohr einen Reifen an, beklebt ihn mit etwas Seidenpapier und hängt die Elfen daran auf.

Das Trocknen von Blumen

Es ist während des ganzen Jahres möglich, verschiedene Arten von Blumen, wie Rosen, Disteln usw., zu trocknen, indem sie an trockenem schattigem Ort an den Stängeln aufgehängt werden. Am besten ist es, wenn man die Blumen nicht so lange in der Vase stehen lässt, bis die Blüten abfallen, sondern sie vorher herausnimmt, um sie zu trocknen.

Blumen- und Blätterpresse

zwei Sperrholzbrettchen von 20 x 20 cm Seitenlänge und 8 mm Dicke
sechs bis acht Stücke Wellpappe von 20 x 20 cm
einige Blätter Löschpapier von 20 x 20 cm
vier Flügelschrauben mit einem Durchmesser von 6 mm und einer Länge von 4 – 6 cm
Mit Sandpapier werden die Ränder der Sperrholzbrettchen geglättet und zwei diagonale Linien gezogen, um die Löcher an der richtigen Stelle bohren zu können. Der Abstand von den Ecken sollte zwei bis drei Zentimeter betragen. Nun werden die Schrauben durch die Löcher des einen Brettchens gesteckt und eventuell etwas festgeklopft. Die Ecken der Wellpappe und des Löschpapiers werden abgeschnitten, so dass sie innerhalb der Schrauben auf das Brettchen passen. Nun wird abwechselnd ein Blatt Löschpapier und ein Stück Wellpappe auf das Brettchen gelegt. Schließlich legt man das zweite Brettchen darauf und zieht die Flügelschrauben an.

Nach Wunsch können die Holzbrettchen der Blumenpresse mit Farben angemalt werden.
Blumen und Blätter, die wir aufheben wollen, müssen gut getrocknet sein. Deshalb legt man sie immer zwischen zwei Löschpapierblätter. Dies sollte so geschehen, dass die besonderen Kennzeichen deutlich sichtbar bleiben. Sollten an manchen Blumen zu dicke Teile sein, wie zum Beispiel eine Wurzel, ein Stängel, ein Zweig oder das Fruchtkörbchen, schneidet man mit einem scharfen Messer oder Rasiermesser vorsichtig die zu dicken Teile ab oder halbiert beispielsweise den Stängel. Damit die Blumen wirklich gut trocknen, müssen sie einige Wochen in der Presse bleiben.

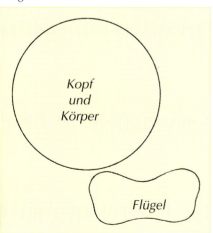
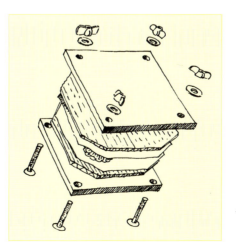

◀◀ *Abb. 41-1: Elfen aus Seidenpapier*
◀ *Abb. 41-2*

8 Werken mit Stroh

Seit das Getreide dem Menschen als Nahrung dient, machte man, wenn die Ernte vorbei war, aus der letzten Garbe ein Erntesymbol, welches den Göttern als Dank für die gute Ernte und als Bitte um ein neues truchtbares Jahr geopfert wurde. So wurde bereits im alten Ägypten eine Puppe aus Stroh, die so genannte *Getreidemutter*, gemacht.

Durch die Jahrhunderte veränderte sich das Bild dieser Getreidemutter oder Strohpuppe, und es entstand zu Beginn des Christentums daraus das Getreidekreuz, welches zum Schluss der Ernte in die Kirche gebracht wurde (siehe Abb. 46-3). Bis zum Beginn dieses Jahrhunderts wurden in England (aber auch an vielen anderen Orten Europas) viele Flechtsymbole gemacht; man kennt sie unter dem Sammelnamen *Corndollies*.

Mit dem Aufkommen der kombinierten Mäh- und Dreschmaschinen, die die Ähren sofort dreschen und das Stroh zerkleinern und in Ballen verarbeiten, verschwand der Brauch, aus der letzten Garbe eine Erntepuppe zu machen. Auch das Flechten mit Stroh verschwand größtenteils. Der in diesem Kapitel gezeigte Strohschmuck ist zum Teil durch alte Motive inspiriert, zum Teil auch selber erfunden.

Gartenschere oder andere kräftige Schere, mit der alles geschnitten werden kann (Stroh ist sehr hart, eine normale Schere würde bald stumpf sein).
Kleine spitze Schere (zum Versäubern)
Küchenmesser (um die dünnen Blättchen von den Stielen zu entfernen)
Dünne Schnur oder festes Garn (naturfarben)

Dicke Nähnadeln
Zentimetermaß
Um die Arbeit zu erleichtern, wird in diesem Buch immer die Länge der Flechtarbeit und die zunächst notwendige Anzahl der Halme angegeben. Es steht natürlich jedem frei, davon abzuweichen.

Strohschmuck

Zum Herstellen von Herbstschmuck aus Stroh und Ähren eignen sich am besten Weizen- und Roggenähren. Weizenstroh lässt sich im Allgemeinen am leichtesten verarbeiten, weil es einigermaßen biegsam ist. Die Getreideernte findet, je nach Wetter, im Juli oder August statt. Will man Stroh oder ganze Ähren bekommen, ist es am besten, sich kurz vor dem Mähen mit einem Bauern in Verbindung zu setzen. Leider ist es heutzutage notwendig, darauf zu achten, dass das Kornfeld nicht zu dicht an einer großen Autostraße liegt, denn dann ist das Korn womöglich grau und schmutzig. Manchmal kann man auch nach dem Mähen noch am Rande der Felder stehen gelassene Ähren finden. Es kann auch passieren, dass sich, nachdem die Mähmaschine fertig ist, noch ein Häufchen gemähtes aber ungedroschenes Getreide auf dem Feld findet. Wir nennen es hier der Einfachheit halber *Abfallstroh*. Durch die Einwirkung von Regen und Wind hat es seinen oft goldgelben Glanz verloren und eine grünliche Farbe angenommen. Obwohl die Halme meistens teilweise geknickt und platt sind, kann man sie noch gut verwenden. Die Gegenstände auf den Abbildungen 45-2/3/4 wurden aus diesem Abfallstroh hergestellt. Man kann natürlich auch im eigenen Garten etwas Getreide auf einem sonnigen Fleckchen säen.

Beim Werken mit Stroh werden längst nicht immer Halme mit Ähren verwendet. Braucht man die Ähre nicht, wird sie beim ersten Knoten abgeschnitten. Wenn der ganze Halm verwendet wird, muss die Ähre schön gerade stehen. Für eine Flechtarbeit, bei der der ganze Halm verwendet wird, eignet sich Weizen – und vor allem auch die Weizenähre, ihrer schönen Form wegen – am besten. Auch die doppelreihige Gerstenähre ergibt einen schönen dekorativen Effekt. Der luftige Hafer wird meistens nur für Verzierungen verwendet. Die Farbe der Ähren wird durch die Beschaffenheit des Bodens, auf dem sie wachsen, bestimmt. Eisenhaltiger Boden kann eine rötlich braune Ähre hervorbringen.

Halme:

Der Halm besteht aus einem langen Stängel, der in regelmäßigen Abständen durch Verdickungen oder Knoten unterbrochen wird. Aus diesen Knoten wachsen lange, schmale Blätter, die sozusagen um den Halm gewickelt sind. Unten ist der Halm dicker als oben bei der Ähre – von unten nach oben verjüngt er sich mit jedem Knoten. Je weiter die Knoten auseinander liegen, um so besser eignet sich der Halm zum Flechten, denn die Knoten sind hart und lassen sich schlecht biegen. Von Halmen, die unten sehr dick und oben sehr dünn sind, wird am besten der Mittelteil verwendet, denn der untere Teil ist zum Flechten zu hart. Will man die Halme aufheben, bündelt man sie mit einem Gummi und hängt sie mit dem Kopf nach unten auf (dann brechen die Ähren nicht so leicht ab). Je nach Getreidesorte, Bodenbeschaffenheit, Feuchtigkeit und Temperaturen des Frühjahrs sind die Halme länger oder kürzer. Die Art und Weise, wie die Halme verwendet werden, bestimmt die Länge, die am günstigsten ist.

Gebinde aus verschiedenen Getreidearten (Abb. 43-1)

- ein Korb
- Gesteckschwamm
- kleines Messer
- verschiedene Getreidesorten: Hafer, Weizen, Roggen und Gerste

① Ein größeres Stück Gesteckschwamm wird maßgerecht zugeschnitten, so dass es genau in den Korb passt, es sollte 1,5 – 2 cm über den Rand hinausragen ②. Nun wird über dem Korbrand ein Dreieck gezogen mit den Punkten A1 – A2 – A3. Die Spitzen dieses Dreiecks liegen außerhalb des Korbes und geben an, bis wohin die gesteckten Ähren reichen dürfen. Jetzt wird an jeder Spitze von unten her dieselbe Ährensorte durch den Schwamm gesteckt ③. Nun wird ein neues Dreieck gedacht mit den Ecken B1 – B2 – B3 und in diese Punkte wiederum eine andere Ährensorte schräg in den Gesteckschwamm gesteckt. Noch einmal wird dies mit den Punkten C1 – C2 – C3 wiederholt. Es ist wichtig, darauf zu achten, dass alle Ähren die gleiche Länge haben, damit der Korb nachher ein schönes Rund bildet. Nun wird in die Mitte des Korbes eine gerade Weizen- oder Roggenähre von oben in den Schwamm gesteckt. Damit und mit den vorher gesteckten Ähren, ist die Form des Gebindes angegeben. Man kann eventuell noch als extra Hilfe drei Ähren schräg im Dreieck in den Schwamm stecken ④. Nun wird der ganze Gesteckschwamm luftig mit Hafer bestückt (8 – 10 cm Höhe). Dieses Getreide ist etwas «fülliger» und bildet sozusagen ein Bettchen, wodurch der Gesteckschwamm unsichtbar wird. Danach fängt man mit dem Stecken der übrigen Ähren an und arbeitet hierbei von unten nach oben, immer im Kreis herum, wobei jede Ähre stets zum Zentrum hin gesteckt wird. Herunterhängende Ähren müssen natürlich nach außen zeigen.

Hin und wieder sollte man den Korb z.B. auf den Boden stellen, um das Gesteck aus einiger Entfernung zu begutachten.

Vorbereitungen zum Flechten

Vor der Verarbeitung müssen die Halme geschält werden, das heißt, die langen dünnen Blätter, die oft fest um den Halm liegen, müssen entfernt werden. Das geht am besten mit einem Küchenmesser, mit dem man von oben nach unten den Halm entlangfährt. Es muss vorsichtig gemacht werden, sonst bricht der Halm bei den Knoten ab (Abb. 43-2). Um den Knoten herum entfernt man sorgfältig die Blattreste.

An sich sind die Halme hart und steif und müssen deshalb vor dem Flechten eingeweicht werden. Sie sollten gut eine Stunde im Wasser liegen, und damit sie wirklich unter Wasser sind, beschwert man sie mit einem Eimerchen oder Teller (Abb. 43-3). Sind die Halme jedoch frisch geschnitten, brauchen sie nicht eingeweicht zu

Abb. 43-1

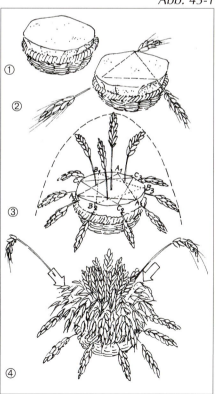

Abb. 43-2

Abb. 43-3

Abb. 43-4

43

werden, da sie in diesem Fall noch geschmeidig sind. Die Halme sollten nicht zu lange im Wasser liegen, sonst leidet die Qualität. Deshalb sollte auch möglichst nicht mehr Stroh eingeweicht werden, als man für die Flechtarbeit braucht. Es erfordert einige Erfahrung, die benötigte Menge einigermaßen abschätzen zu lernen. Je nach Dicke und Festigkeit der Flechtarbeit bleibt nach dem Flechten ungefähr 50 – 60 % der Halmlänge übrig. Deshalb braucht man beinahe immer zwei- oder dreierlei Halmlängen.

Flechten eines Strohherzens

Abfallstroh (ca. 66 cm Länge)
Für diese Flechtarbeit werden Halme ohne Ähren verwendet. Man nimmt sie aus dem Wasser und schneidet die dünnen Stücke oder Knoten am Ende der Halme ab. Es gibt zwar verschiedene Methoden des Flechtens, in diesem Buch wird jedoch nur mit der einfachsten gearbeitet.
Für die Strohherzen von den Abb. 45-2 / 3 fängt man mit zwölf oder fünfzehn Halmen an (abhängig von der Stärke der Halme). Da die Halme oben immer dünner sind als unten, werden einige umgedreht, damit eine regelmäßige Stärke erreicht wird. ① Um eine möglichst solide Flechtarbeit zu bekommen, wird das Halmbündel am Ende mit einer Schnur fest zusammengebunden. ② Der *Knoten mit doppelter Schlinge* ist hier besonders geeignet, weil er sehr fest ist. Eventuell wird noch ein extra Knoten gelegt. Damit man fest flechten kann, wird das andere Ende der Schnur irgendwo befestigt.
③ Beim Flechten kann ein so genanntes Flechtbrett gute Dienste tun; es handelt sich hierbei um ein Brett von ca. 25 x 80 cm, in welches auf der einen Schmalseite vier Nägel geschlagen werden (siehe Abb. 44-1). In dem Maße, wie die Flechtarbeit wächst, wird die Schnur immer weiter um die Nägel geschlungen, so behält man den Flechtpunkt immer auf gleichem Abstand.
Das Halmbündel wird in drei gleich große Stränge geteilt. ② Wie auf Abb. 44-2 zu sehen ist, muss zunächst das Halmbündel rechts außen (C) über das mittlere (B) gelegt werden.
③ Jetzt wird das linke Bündel (A) über das Bündel C, welches jetzt in der Mitte liegt, gelegt.
④ Nun wird das rechte Bündel wieder über das mittlere gelegt und so weiter. Beim Flechten ist es wichtig, immer einen Winkel von 90 Grad zwischen den Bündeln beizubehalten, das ergibt das schönste Resultat.
Trotz des Einweichens werden die Halme oft noch etwas zu hart sein. Um dem abzuhelfen, drückt man sie zwischen Daumen und Zeigefinger platt, bevor geflochten wird.
Wenn das Stroh während des Flechtens zu trocken wird, kann es noch einmal

Abb. 44-1: Flechten mit einem Flechtbrett

Abb. 44-

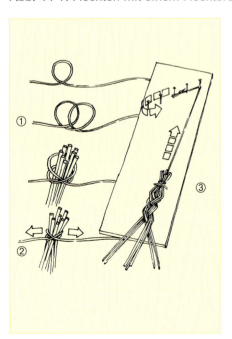

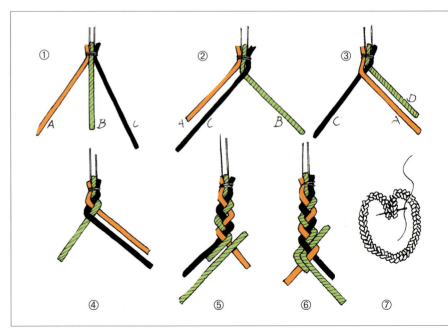

–10 Minuten ins Wasser gelegt werden. Davor muss die Flechtarbeit jedoch in jedem Fall zusammengebunden werden, sonst geht sie wieder auf.

Das Hinzufügen neuer Halme während des Flechtens:
Irgendwann kommt der Augenblick, in dem einer der Stränge zu Ende geht, obwohl die Flechtarbeit noch nicht fertig ist. Die Stadien ⑤ und ⑥ von Abb. 44-2 zeigen, wie es weitergeht. ⑤ Man legt einen oder mehrere Halme auf die Enden des Stranges und ⑥ überdeckt diesen mit einem der anderen Stränge usw. Es ist deutlich, dass Probleme entstehen, wenn alle drei Stränge gleichzeitig zu Ende sind. Um dies zu verhindern, sorgt man schon am Anfang dafür, dass die drei Stränge verschieden lang sind. Wenn die Flechtarbeit fertig ist, werden die herausragenden Enden abgeschnitten.
Wenn die Flechtarbeit die gewünschte Länge erreicht hat, werden die drei Stränge mit Schnur zusammengebunden. ⑦ Die Halme werden abgeschnitten und der noch nasse Zopf in die gewünschte Form gelegt und mit Nadel und Faden zusammengenäht. Der Zopf braucht ungefähr 24 Stunden, um ganz zu trocknen. Während dieser Zeit sollte er mit etwas Schwerem (beispielsweise einem Brotbrett) beschwert werden, damit er schön flach wird. Nach dem Trocknen können eventuell noch herausragende Strohenden nachgeschnitten werden. Zum Verzieren oder Herrichten von Flechtarbeit siehe Seite 56.

Doppeltes Strohherz

Abfallstroh; rotes Band;
inneres Herz ca. 52 cm lang,
äußeres Herz ca. 70 cm

Als Variation kann auch ein doppeltes Strohherz gemacht werden. Gearbeitet wird beinahe genauso wie beim einfachen Strohherz, nur die Fertigstellung ist anders, weil die Herzen miteinander verbunden werden.
Man macht zwei Zöpfe von unterschiedlicher Länge. ① Der längere Zopf wird in der Mitte zusammengelegt; mit Nadel und Faden wird daraufhin in der Mitte eine Falte genäht. ② Der kürzere Zopf wird an die Mitte angelegt und etwas tiefer an den ersten Zopf festgenäht.
③ Nun werden die äußeren – kürzeren – Zopfenden nach unten gebogen und zusammengenäht, damit die Herzform entsteht. ④ Danach biegt man die längeren, inneren Zopfenden großzügig darüber und näht sie am anderen Herz fest. ⑤ Nach dem Trocknen schneidet man den umgebogenen Rand innen ab, und die Unterseite wird versäubert. Zum Aufhängen nimmt man am besten rotes Band oder rote Wolle.

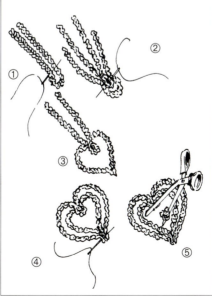

Abb. 45-1

Abb. 45-2

Abb. 45-3

Abb. 45-4

Flechten eines Strohkranzes

Weizen- oder Roggenstroh
Länge der Flechtarbeit: 70 – 80 cm
Beim Strohherzen werden beide Enden so aneinander genäht, dass die Zopfform seitlich ist. Beim Kranz sieht man die Zopfform von vorne und die beiden Enden werden übereinander gelegt. Weil in diesem Fall ein zusammengebundenes Halmbündel nicht schön wäre, wird hier die Flechtarbeit anders angefangen (siehe Abb. 46-2).
① Man nimmt die Hälfte der erforderlichen Anzahl nasser Halme und biegt sie in der Mitte um. Ein Teil der Halme wird natürlich wieder umgedreht, um eine gleichmäßige Stärke des Bündels zu erreichen. ② Nun wird eine Schnur durch den Falz des Bündels gezogen und befestigt. Wiederum muss man daran denken, dass die drei Stränge verschieden lang sind.
Ansonsten wird geflochten wie beim Strohherzen, außer dass die beiden Enden des nassen, rund gebogenen Zopfes übereinander gelegt und festgenäht werden. Diese Flechtarbeit muss auf jeden Fall während des Trocknens unter Druck sein, sonst wird der Kreis krumm.

Abb. 46-1

Erntekreuz mit Ährenkranz

Weizen- oder Roggenhalme zum Flechten
zweireihige Gerste für den Ährenkranz
Hafer und Weizen mit Grannen zum Verzieren
Umfang des Kranzes: 62 cm
Kreuzlänge: 20 cm
Zum Flechten eines Kranzes braucht man zunächst 15 Halme. Geflochten wird auf dieselbe Art und Weise wie beim Strohkranz, aber jetzt flicht man an einer Seite jedes Mal einen Halm mit einer zweireihigen Gerstenähre ein. Man achte darauf, dass die Ähre schön herausragt und sich nicht wegdreht. Wie auf Abb. 46-4 zu sehen ist, wird der Gerstenhalm beim Umbiegen zwischen die übrigen Halme eingeklemmt. Sollte das Flechtbündel zu dick und dadurch unregelmäßig werden, schneidet man den Gerstenhalm jedes Mal nach ein paar Flechtgängen wieder ab. Da die Gerstenhalme sehr dünn sind, kann es nötig werden, sie mit dünnem Blumendraht zu verstärken. Das Kreuz wird so gemacht, dass zwei kurze Zöpfe aufeinander genäht werden.
Das Festnähen des Kreuzes auf den Kreis macht man am besten nach dem Trocknen. Wie auf Abb. 46-3 zu sehen ist, wird die Flechtarbeit mit einem runden Sträußchen, hauptsächlich aus

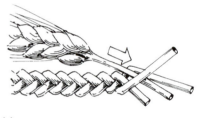

Abb. 46-4

Abb. 46-3

Hafer, verziert, welches die Form insgesamt noch einmal mit einem Akzent versieht.

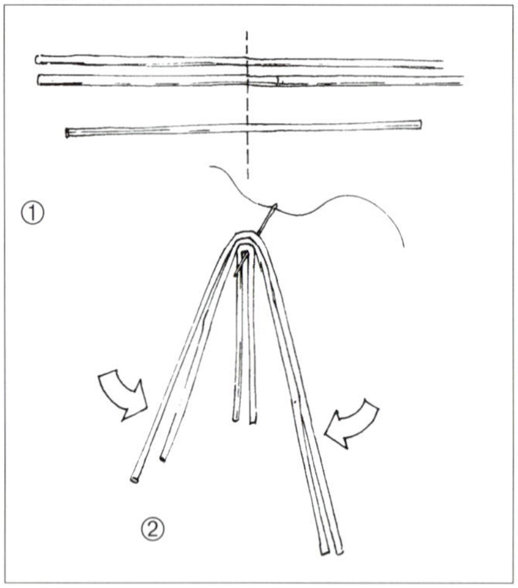

Abb. 47-1

Die Ährensonne

(Abb. 47-1)

Trinkhalme oder einfache Halme von gleicher Stärke
12 Weizenähren mit Grannen
festes Garn
Länge: 30 cm

Die angefeuchteten Halme werden in zwölf gleich lange Stücke von 10 cm geschnitten und mit dem Bügeleisen flach gebügelt. Man legt sechs Strohhalme, wie auf Abb. 48-2, übereinander und stellt dabei zunächst ein einfaches Kreuz und dann ein Andreaskreuz her. Der erste und der letzte Halm bilden jetzt ein Kreuz, welches die anderen Halme einschließt.
Der Faden, mit dem das Kreuz zusammengeflochten wird, kommt von hinten und läuft über das zuletzt aufgelegte Hälmchen, unter dem folgenden durch usw. Wir haben jetzt einen *Stern* mit zwölf Enden.
Mit den übrigen Halmen wird ein zweiter Zwölfstern hergestellt, beide Sterne aufeinander gelegt und mit Faden miteinander verflochten. Wenn sie zusammengebunden sind, werden die Fäden abgeschnitten. Anschließend wird jeder zweite Strahl des Sterns gekürzt (3 cm vom Zentrum) und das Ende der übrigen langen Strahlen spitz zugeschnitten. Nun nimmt man die 12 Ähren und schneidet die Stängel so kurz ab, dass 1 cm übrig bleibt. An dieses 1 cm lange Stielchen wird Klebstoff aufgetragen, die bereits flach gebügelten, kurz geschnittenen Strahlen zwischen Daumen und Zeigefinger auseinander gedrückt und das Ährenstielchen mit dem Klebstoff jeweils in einen der kurzen Strahlen hineingeschoben. Die auf diese Art entstandene prächtige Ährensonne wird so aufgehängt, dass die dünnen Grannen gut zur Wirkung kommen.

Variation:
Für die Sonne von 48-1 wurden anstatt von zwölf, 24 Ähren verwendet, abwechselnd eine lange und eine kurze Ähre.

Abb. 48-1

Abb. 48-2

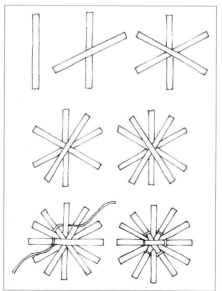

9 Dekorative Strohflechtarbeiten

Corndolly aus Wales

(Abb. 48-3 / 49-2)

25 Weizenhalme mit Ähren
Länge: 35 cm

Hier handelt es sich um eine sehr dekorative Flechtarbeit, die einige Übung erfordert, bevor sie schön wird. Deshalb ist es ratsam, zunächst mit weniger schönen Halmen zu üben.
① Man binde drei nasse Weizenhalme mit Ähren (A, B und C) direkt unter den Ähren so zusammen, dass sie auseinander fächern. Nun werden zwei neue Halme D und E hinzugefügt. ② Die neuen Halme werden dadurch fixiert, dass die Halme A und C über sie gelegt werden.
③ Hier ist die Basistechnik dieser Flechtarbeit gut zu sehen: Halm B wird über Halm A und unter Halm C durchgelegt und bleibt bis zur Mitte der

Abb. 48-3

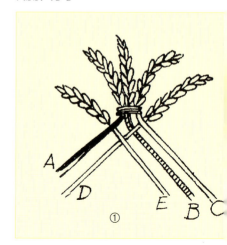

lechtarbeit auf den übrigen Halmen
liegen. Danach wird er unter den
übrigen Halmen durch an den Rand der
Flechtarbeit geführt. Denselben Vorgang
sieht man auch bei ④ und ⑤. Damit die
Ähren nicht zu dicht aufeinander
folgen, werden jeweils zwei Flecht-
runden ohne neuen Halm durchgeführt.
Die Länge der Flechtarbeit bestimmt
man selber.

Abb. 49-1

Abb. 49-2

Abb. 49-3

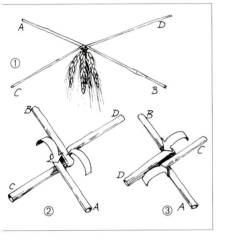

Strohschmuck in Mäuse-
treppchentechnik

8 Halme mit Weizenähren
Halme zum Verlängern
rotes Band

① Man bindet vier nasse Halme (A, B, C und D) direkt hinter den Ähren mit festem Garn zusammen und ordnet sie in vier Richtungen an.
② Nun wird Halm A zu Halm B gelegt und Halm B auf den Platz, wo Halm A war.
③ Danach wird Halm C zu Halm D und Halm D auf den Platz gelegt, wo Halm C war. Nun wird wieder mit A und B begonnen und mit C und D weiterge-macht. Auf diese Art und Weise fährt man fort, bis die Mäusetreppe ca. 18 cm lang ist und bindet die vier Halme zusammen, damit die Flechtar-beit nicht wieder aufgeht. Die unge-flochtenen Halme lässt man stehen, sie sollten noch eine Länge von ungefähr 20 cm haben.

Nun wird noch eine Mäusetreppe aus vier neuen Halmen hergestellt, dann bindet man die beiden Mäusetreppchen dicht unter den Ähren zusammen.

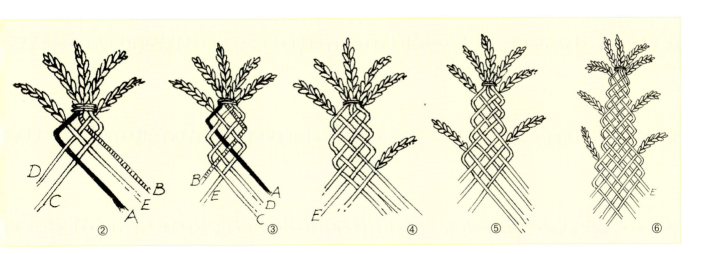

Daraus wird ein Herz geformt, indem die Enden miteinander verbunden werden, wobei die ungeflochtenen Halme nach unten zeigen (siehe Abb. 49-3). Nun werden die ungeflochtenen Halme mit den Ähren zusammengebunden und etwas kürzer als die Letzteren schräg abgeschnitten. Die Ähren werden so angeordnet, dass die Flechtarbeit hübsch aussieht, und das Ganze wird mit einem roten Band verziert.

Verlängern von Halmen:

Auf Seite 45 wurde beschrieben, wie während des Flechtens neue Halme hinzugefügt werden können. Bei der Mäusetreppe (und nachher bei den Spiralen) kann diese Methode nicht angewandt werden, weil sonst eine Seite der Flechtarbeit unterbrochen wird. Wenn mit einzelnen Halmen gearbeitet wird, müssen die Halme verlängert werden. Dies ist ganz einfach.

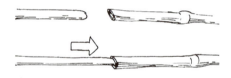

Abb. 50-1

Das Ende eines Halmes ist im Allgemeinen ziemlich dick. Ist am Ende eines Halmes ein Knoten, wird er abgeschnitten. Nun sucht man einen neuen Halm, dessen eines Ende dünner ist als das Ende des Halmes, der verlängert werden soll. Der neue Halm wird in das Loch des anderen geschoben, bis es nicht weiter geht (siehe Abb. 50-1). Man darf allerdings nicht zu kräftig schieben, sonst kann sich der äußere Halm spalten. Wenn nun dieser neue Halm beim Flechten umgebogen wird, muss dies vorsichtig geschehen. Diese Art der Verlängerung kann natürlich auch bei anderen Arbeiten angewendet werden.

Strohflechtwerk mit Spiralen

lange dünne Strohhalme; Garn

Mit dieser Flechtarbeit, die aus England stammt, können viele verschiedene Formen und zahllose Variationen gemacht werden. Sie erfordert große Genauigkeit, und man darf sich nicht verleiten lassen, zu schnell arbeiten zu wollen, denn sonst besteht die Gefahr, dass das Ganze locker und schlampig wird, was erst auffällt, wenn die Arbeit bereits so weit fortgeschritten ist, dass ein Verbessern nicht mehr möglich ist. Da die Halme beinahe ganz umgebogen werden müssen, dürfen sie nicht zu dick und müssen vor allem geschmeidig sein. Das heißt, nur der oberste Teil der Halme kann verwendet werden. Wenn ein Halm zu viele Knoten hat, besteht die Möglichkeit, dass Probleme beim Biegen entstehen: Einerseits kann der Halm am Knoten brechen, andererseits ist es möglich, dass der Knoten unschön auffällt und das regelmäßige Bild der Spirale stört.

Deshalb muss während des Flechtens auf die Knoten geachtet werden. Der Halm wird vor dem Knoten abgeschnitten und, wie auf dieser Seite beschrieben, verlängert. Es muss darauf geachtet werden, dass sich das Flechtwerk während des Verlängerns nicht löst. Das Nette beim Spiralenflechten ist, dass man während des Arbeitsvorgangs bestimmen kann, ob die Arbeit denselben Umfang behält, ob sie breiter oder schmäler wird. Eine Spiralflechtarbeit ist immer eine räumliche Form. Obwohl die Technik sich nicht verändert, kann die Arbeit drei, vier oder mehr Windungen haben, je nachdem, wie viel Halme verwendet werden.

Spiralflechtarbeit mit «Füllung»

Bei den Modellen in diesem Buch gehen wir von Flechtarbeiten mit vier Windungen aus. Dafür braucht man fünf Halmbündel. Die Flechtarbeit *mit Füllung* ist die einfachste, weil die Füllung beim Flechten Halt gibt. Deshalb sollte diese Art immer zuerst geübt werden. Im Allgemeinen bildet diese Flechtarbeit eine Art langen Köcher und bietet weniger Möglichkeiten zu Variationen als die Flechtarbeit ohne Füllung, die als nächstes beschrieben wird.

Abb. 50-2: Spiralflechtwerk

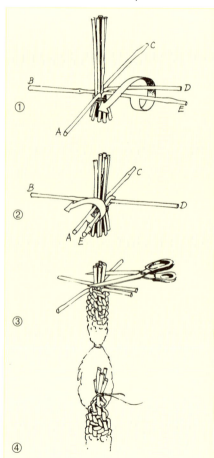

Man nimmt ein Bündel Halme mit oder ohne Ähren. Die Mindestanzahl muss zehn Stück betragen. Je mehr Halme verwendet werden, desto größer wird der Umfang der Flechtarbeit. Beim Beispiel von Abb. 51-1 wurden zehn Halme mit Ähren verwendet. Die Halme werden direkt unter den Ähren fest zusammengebunden. Man nimmt das Bündel in die eine Hand und dreht die Halme um, so dass die Ähren nach unten und die Halme nach oben zeigen.

① Nun biegt man fünf Halme von der Außenseite des Bündels so um, dass sie horizontal in vier Richtungen zeigen, wobei der vierte Halm (D) und der fünfte (E) nach rechts zeigen. Die übrigen Halme sind für die Füllung. Nun wird mit der freien Hand zuerst Halm E unter D durchgeführt und danach über D gelegt, so dass er neben Halm A erscheint. Wie wir bei ② sehen, wird die Flechtarbeit gegen den Uhrzeigersinn um ein Viertel gedreht, so dass die Halme A und E jetzt nach rechts zeigen. Halm A wird zuerst unter und dann über E gebogen, so dass er auf Halm B liegt. Dieser Vorgang wird wiederholt, bis die Flechtarbeit beinahe die gewünschte Länge erreicht hat und die Flechthalme nur noch kurz sind.

③ Nun wird die Füllung abgeschnitten und ein oder zwei Runden weiter geflochten, wobei die Flechtarbeit kleiner wird und die Füllung verschwindet. ④ Danach werden die fünf Flechthalme direkt unter der Flechtarbeit zusammengebunden.

Schließlich werden die zusammengebundenen Halme gleichmäßig abgeschnitten und die Flechtarbeit eventuell mit einem bunten Band geschmückt. Sollten die zehn Ähren zu dicht aufeinander gedrängt sein, kann man ein paar abschneiden.

Spiralenflechtarbeit ohne «Füllung»

Sobald man ein wenig Geschicklichkeit erworben hat beim Flechten mit Füllung, wird auch ein hohles Spiralflechtwerk gelingen. Man muss darauf Acht geben, dass die Flechtarbeit fest bleibt.
Das Flechtprinzip hierfür wurde bereits beschrieben, jedoch hat man hier die Möglichkeit, die Spiralform breiter oder schmaler zu gestalten. Sobald nämlich beim Flechten Halm E nicht auf A, sondern rechts neben A liegt (siehe Abb. 50-2 ①), wird die Flechtarbeit immer breiter, wie bei der Spirale von Abb. 51-1 zu sehen ist. Wenn Halm E auf A liegt, behält die Flechtarbeit immer die gleiche Breite. Liegt Halm E über A (also links von A), wird die Arbeit wieder schmaler.

Variation: Kelchflechtarbeit
Soll das Spiralflechtwerk nach unten offen sein, darf es zum Ende nicht schmaler werden und in einer Spitze enden, sondern es wird, wenn die gewünschte Länge erreicht ist, beendet und bleibt ganz offen.
Die Fertigstellung geht folgendermaßen: In der letzten Runde der Flechtarbeit wird jeder Halm mit dem Nachbarhalm zusammengebunden. Das überstehende Stück Halm wird abgeschnitten.

Mobile aus Strohspiralen

Auf Abb. 51-2 sind einige Flechtwerkvariationen zu sehen. Natürlich können auch Halme mit Ähren verwendet werden. Für die Stängchen des Mobiles wurde in diesem Fall Kupferdraht verwendet, die Spiralen sind mit roter Wolle aufgehängt, um dem Ganzen eine gewisse Farbigkeit zu verleihen.

Abb. 51-1

Abb. 51-2

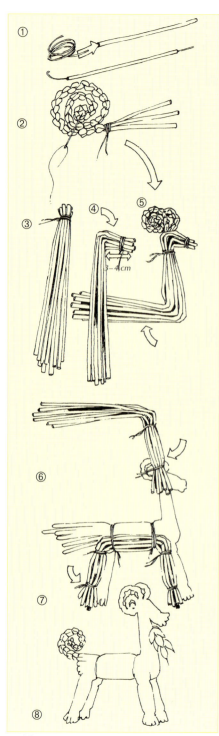

Abb. 52-1

10 Strohfiguren

Bock aus Stroh (Julbock)

ca. 25 Strohhalme von 45 cm und 30 von 22 cm Länge
dünner Eisendraht oder Blumenbindedraht
Kupferdraht
strohfarbenes oder andersfarbiges Garn

Dieser Stroh- oder Julbock stammt aus Schweden. Obwohl Anzahl und Länge der benötigten Strohhalme angegeben wurde, will der Autor damit lediglich Hilfestellung geben. Beides kann variiert werden.

Nasses Stroh lässt sich gut biegen und wird unter Umständen auch in gebogener Form trocknen. Beim hier beschriebenen Bock muss das Stroh allerdings sehr stark gebogen werden und deshalb ist es ratsam, Eisendraht mitzuverwenden, um das Stroh in der richtigen Form zu halten (Abb. 52-1).

Mit den Hörnern fängt man an. Zuvor sucht man zwei mal drei nicht zu dicke Strohhalme, die ein langes Stück ohne Knoten haben, aus ①. In mindestens zwei von den drei Halmen wird ein sehr dünnes Stück Eisendraht geschoben (Blumendraht) und danach werden die drei Halme zusammengebunden, um daraus einen Zopf von ca. 15 cm Länge zu machen. ② Dieser Zopf wird aufgerollt und sicherheitshalber festgebunden. Die ungeflochtenen Enden werden nicht abgeschnitten. Durch den mitgeflochtenen Eisendraht behalten die Hörner nachher ihre gewünschte Form. Der soeben beschriebene Vorgang wird wiederholt, so dass man zwei Hörner hat.

Nun nimmt man 20 – 25 Strohhalme von ca. 45 cm Länge für den Kopf, der Hals und den Rumpf des Bockes. Die Halme müssen so angeordnet werden, dass nicht alle dünnen Enden auf einer Seite sind. In zwei der Halme wird der etwas dickere Kupferdraht geschoben. Befindet sich im Halm ein Knoten, so wird der Kupferdraht von beiden Seiten bis zum Knoten geschoben. ③ Jetzt wir das Bündel an einer Seite mit dem doppelten Schlingenknoten und ein paar extra Knoten (siehe Abb. 44-1) zusammengebunden und nach drei bis vier Zentimetern umgebogen. Danach

Abb. 52-2

werden die beiden bereits geflochtenen Hörner in das Bündel (den Hals des Bockes) geschoben und an der angegebenen Stelle festgebunden. Das Bündel wird jetzt durch fünf bis acht Halme, die hineingeschoben werden, vergrößert. Indem das Bündel nochmals gebogen wird, entsteht der Körper des Bockes, der eventuell nochmals mit Garn umwickelt wird. Durch den Eisendraht behält das Strohhalmbündel die hergestellte Form.
⑥ Für die Beine des Bockes braucht man zweimal ca. 15 Strohhalme von 30 cm Länge, die mit zwei Stücken Kupferdraht versehen werden, damit die Beine nicht umknicken. Die beiden Vorderbeine werden an zwei Stellen abgebunden und die Strohbündel so gebogen, dass sie zu einem Teil des Körpers des Bockes werden. ⑦ Hier sieht man, wie Kopf, Hals und Körperstück mit den Vorderbeinen zusammengefügt werden. Das Ganze wird hinter den Vorderbeinen abgebunden und das Garn, wenn nötig, noch ein paar Mal um den Körper gewickelt, bevor es vernäht wird. Sollte der Körper zu dünn sein, werden noch einige Halme dazugesteckt. Nun werden die Bündel, die auch die Vorderbeine bildeten, als Hinterbeine umgebogen und an zwei Stellen abgebunden.
⑧ Aus dem noch nicht fertig gestellten hinteren Teil des «Kopf-Hals-Körperstückes» werden sechs Halme genommen, daraus flicht man den Schwanz, nachdem in zwei Halme Eisendraht geschoben wurde. Die übrigen Halme werden abgeschnitten. Der geflochtene Schwanz wird eingerollt, und die Beine werden mit der Schere versäubert. Nun werden die Hörner schön zurechtgebogen und ein kleines Hafer- oder Grassträußchen als Bärtchen unter den Kopf am Hals befestigt. Schließlich werden alle Garnknoten noch einmal nachgesehen und lange Fädchen abgeschnitten. Man kann eventuell auch lose Fäden mit Klebstoff festkleben.

Strohhahn

Strohhalme
Haferstroh oder getrocknete Grashalme
dünner Eisendraht
Kupferdraht
Garn (in verschiedenen Farben)
Auch hier wird mit feuchtem Stroh gearbeitet. ① Aus je drei Strohhalmen werden zwei Zöpfe geflochten. Die Flechtarbeit braucht nicht länger als 6 – 7 cm lang zu sein, es müssen aber oben und unten ungeflochtene Strohenden von 3 cm Länge übrig bleiben. ②
Bindet man diese beiden Zöpfe zu einer Schlinge zusammen, so bekommt man die beiden Kopflappen des Hahnes. Für den Kamm werden drei gleich lange Zöpfe geflochten, jedoch aufgepasst! Dies wird mitten im Halm geflochten, so dass an beiden Seiten der Flechtarbeit 20 cm ungeflochten übrig bleiben. Auch diese Zöpfe werden zu Schlingen zusammengebunden.

Abb. 53-1

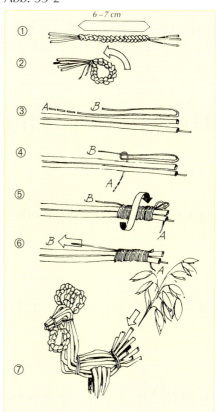

Abb. 53-2

53

Für das «Kopf-Hals-Körperstück» braucht man ca. 15 Strohhalme von 35 cm Länge. Jetzt weiterarbeiten wie beim *Strohbock*. Wenn der Kopf abgebunden wird, bindet man die geflochtenen Kopflappen mit hinein (siehe Abb. 53-2 ⑦) und befestigt den geflochtenen Kamm am Nacken.

Für die *Beine* sind ca. 12 Halme von ca. 22 cm Länge erforderlich. Man sollte nach Möglichkeit Halme ohne Knoten aussuchen. Drei Halme werden mit dünnem Eisendraht versehen, der hineingeschoben wird. Diese drei so präparierten Halme legt man zunächst zur Seite. In zwei weitere Halme schiebt man den dickeren Kupferdraht. Aus jeweils einem Strohhalm mit dünnem Eisendraht und einem Halm ohne Draht werden die «Zehen» gemacht. Da ein Strohhalm, der geknickt wird, die Neigung hat, sich am Ende zu spalten, wodurch der Draht sichtbar werden würde, umwickelt man die «Zehen» (die also an den beiden Enden des Halmes sind), mit Garn (s. Abb. 53-1 ③). Dazu nimmt man die beiden Strohhalme (der eine davon mit Eisendraht), legt eine Garnschlinge um das Ende der Halme und legt das lange Ende des Garns über die Schlinge und entlang der Strohhalme ④ ⑤. Nun wird das Garn fest um Schlaufe und Halme gewickelt, bis die Umwickelung 8 – 9 cm Breite erreicht hat. Das Ende A wird durch die Schlaufe gesteckt und fest angezogen. ⑥ Danach verschwindet die Schlinge unter der Umwickelung, indem man am Ende B zieht. Das noch sichtbare Ende von A wird abgeschnitten, vollends unter die Umwickelung gezogen und schließlich auch das Ende B so knapp wie möglich abgeschnitten. Dieser Vorgang wird fünfmal wiederholt, es entstehen drei Längen (aus zwei Halmen), deren Enden umwickelt sind. Nun werden alle zwölf Halme gebündelt und an beiden Enden, ungefähr 5 mm vor der Umwickelung abgebunden (s. Abb. 53-1). Nun wird das Bündel in U-Form gebogen, in den Körper des Hahnes eingefügt und wiederum abgebunden.

Das *Schwanzende* wird vom Körper hochgebogen. Durch den Eisendraht behalten die Halme die gewünschte Form. Damit auch die übrigen Halme in der gewünschten Form trocknen, binden wir den ganzen Schwanz zu einem Bündel zusammen und lassen den Hahn so trocknen. Ist er getrocknet, schneidet man das Garn an den Schwanzhalmen wieder auf; nun werden sie in alle Richtungen zeigen. Eventuell müssen sie hier und da etwas zurechtgebogen werden. ⑦ Jetzt werden die Schwanzhalme einzeln in unterschiedlichen Längen zugeschnitten. Für den Schwanz des Hahnes auf Abb. 53-1 wurde wilder Hafer verwendet, der manchmal am Rand von Kornfeldern zu finden ist und keine Körner trägt. Mit Körnern würde der Schwanz zu schwer werden und zu tief herunterhängen. Anstelle von wildem Hafer können auch alle möglichen Gräser verwendet werden. Hafer oder Gräser, die in die Schwanzhalme gesteckt werden, müssen mit etwas Klebstoff versehen werden. Der Schwanz sollte recht üppig werden, deshalb wird er mit möglichst vielen Hafer- oder Grashalmen besteckt. Nun sind noch die *Zehen* übrig. Die umwickelten Zehen werden in die richtige Form gebogen (d.h.: zwei Zehen nach vorne, eine nach hinten) und die übrig gebliebenen Halme bis zu den umgebogenen Zehen abgeschnitten. Wenn der dicke Kupferdraht nicht abgeknipst, sondern in zwei Löcher in ein Stück Rinde oder Holz gesteckt wird, kann der Hahn stehen. Schließlich kann der Schwanz mit Hilfe von Wasserfarbe und etwas Fixierspray bunt angemalt werden.

Püppchen aus geflochtenem Stroh

9 – 12 Strohhalme
Garn (in verschiedenen Farben)
Je nach Dicke der Halme werden für diese Flechtarbeit 9 – 12 Stück benötigt. Man bindet die Halme zusammen, so dass am einen Ende 10 cm überstehen (Abb. 54-1). ① Die lange Seite der Halme wird zu einer Länge von ungefähr 12 cm geflochten. Der Zopf wird abgebunden und doppelt zusammengelegt. ② Ungefähr 2 cm vom Falz entfernt werden die beiden Zopfstücke fest mit Eisengarn zusammengebunden. Das Eisengarn ist so stabil, dass wir den Hals, der jetzt abgebunden werden muss, etwas dünner machen können als den Kopf. Jetzt erst werden die Arme geflochten. Wie man auf Abb. 55-1

Abb. 55-1

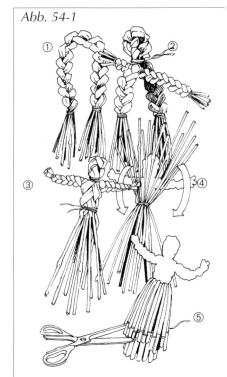

Abb. 54-1

sieht, muss hier auf zweierlei Arten geflochten werden: Die kleinen Frauen haben Arme aus normalen Zöpfen, und das kleine Männchen hat Arme aus *Mäusetreppchen* (siehe Abb. 49-1). Bei den Armen der Frauen sieht man den Unterschied von dicken und dünnen Halmen sehr gut. Die Arme werden 10 cm lang gemacht und an beiden Enden gut abgebunden. Nun werden die Arme zwischen die zwei Enden des großen Zopfes direkt unter dem «Hals» angebracht.

③ Die Taille wird dort, wo die beiden Enden der Zöpfe zusammengebunden sind, abgebunden. Auch dies geschieht mit Eisengarn, damit die Taille schön schmal wird.

④ Der Unterleib, der bei den Frauenpüppchen aus ungeflochtenen Halmen besteht, wird ca. 7 cm lang. Vorläufig ist die Form noch nicht füllig genug, deshalb werden Strohhalmstücke – am besten ohne Knoten – um die Taille gelegt, mit einer Hand festgehalten und mit der anderen Hand gut festgebunden. ⑤ Hier ist zu sehen, wie das Püppchen jetzt aussieht. Die Halme, die an der Taille nach oben zeigen, werden nach unten umgebogen. Da die Halme, die den Rock bilden, nicht ohne weiteres die richtige Form behalten, werden sie unten lose zusammengebunden und das ganze Püppchen wird noch einige Minuten ins Wasser gelegt. Erst wenn das Püppchen wieder trocken ist, wird der Faden gelöst; in den meisten Fällen werden die Strohhalme jetzt in Form bleiben. Auf Abb. 55-1 ist eine kleine Frau zu sehen, die eine Schürze bekommen hat. Diese Schürze wird ganz einfach dadurch gemacht, dass die zunächst nach oben zeigenden Halme, die nach unten umgefaltet werden, etwas kürzer abgeschnitten und unten mit einem farbigen Faden befestigt werden.

Das *Männchen* wird bis zur Taille

genau gleich gemacht wie die kleine Frau. Nachdem die Taille abgebunden wurde, werden die ungeflochtenen Halme des Unterleibes in der Mitte geteilt und die beiden Hälften zu Beinen geflochten, die unten abgebunden werden.

Die *kleinen Frauen* haben einen besseren Stand als die Männer, wenn jedoch die Füße unten schön gerade abgeschnitten werden, können auch die Männer ganz gut stehen. Eventuell flicht man ein Stückchen Kupferdraht mit den Beinen mit, lässt ihn unten bei den Füßen etwas herausragen und sticht ihn in ein Stückchen Rinde.

Für das *Baby* im Arm einer der Frauen (Abb. 55-1) wurden Strohhalmrestchen verwendet, die zusammengefaltet und abgebunden wurden. Natürlich könnte man auch den Körper flechten. Selbstverständlich ist es auch möglich, die Strohpüppchen mit Stoffstückchen oder getrockneten Blättern zu bekleiden. Das sitzende Kind ist mit dem Kelch einer Lampionpflanze (*Physalis alkekengi*) bekleidet.

Das *Körbchen* wurde aus einem Zopf mit drei Ähren hergestellt. Die Flechtarbeit wurde mit Garn zu einem Körbchen zusammengenäht. Selbstverständlich können auf die gleiche Art und Weise auch größere Körbchen oder Dosen hergestellt werden, indem man für die Flechtarbeit einfach mehr Halme verwendet.

11 Schmücken und Arrangieren mit Herbstmaterial

In diesem Kapitel möchte ich einige beispielhafte Hinweise zum Schmücken und Arrangieren eines Kranzes, eines Kiefernzapfens oder einer Flechtarbeit geben. Es handelt sich um einfache Techniken, für die unterschiedlichste Materialien aus Garten, Park, Wegrand oder Wald verwendet werden können. Zum Beispiel:

– Getreide und Gräser
– Deckblätter von Maiskolben
– Haarige Griffelnarben der Maiskolben
– Rispe der Maispflanze
– Kiefernzapfen (sogar die Zapfen, die von den Eichhörnchen nahezu aufgefressen wurden, sind noch zu gebrauchen)
– Lärchenzapfen
– Erlenfrüchte
– Koniferenzapfen
– Eicheln
– Bucheckern
– Hopfenglöckchen
– Blühender Bärenklau
– Silbertalersamen
– Getrocknete Blätter
– Hortensienblüten
– «Nasen» vom Ahorn
   u.v.a.

Natürlich müssen alle diese Materialien gut getrocknet werden.

56

Herbstmaterial auf Draht ziehen

Verschiedene Herbstmaterialien
Korsage- oder Blumenbindedraht von
0,4 mm Dicke
Drahtschere

Auf Draht ziehen heißt, dass dünner Eisendraht (Korsage- oder Blumenbindedraht) an jedem einzelnen Teil eines Sträußchens oder eines Gesteckes befestigt wird. Dadurch kann jedes Gräslein, jede Buchecker usw. solide zu einem zierlichen Ganzen miteinander verbunden werden. Wie auf Abb. 57-1 ersichtlich, werden die Stängel so kurz wie möglich gehalten, denn wenn zu viele Stängel gebündelt werden, wird das Sträußchen zu dick. Der Bindedraht übernimmt die Funktion der Stängel.

Verschiedene Methoden:
1. Auf Draht ziehen eines Stängels (Abb. 57-1 ① – ③)
① Man nimmt ein Stück Blumendraht von ca. 15 cm Länge, biegt es in der Mitte zusammen und macht eine kleine Schlinge, wobei das eine Ende gerade nach unten zeigt. ② Nun wird beispielsweise ein Ährenstängel genommen, und indem man ihn zwischen Daumen und Zeigefinger hält, wird die Drahtschlinge darum herumgelegt. ③ Das eine Drahtende wird jetzt drei- bis viermal fest um Stängel und das andere Drahtende gedreht und dann mit diesem zusammen nach unten gezogen. Natürlich kann man statt einer Ähre auch mehrere Stängel gleichzeitig an einem Draht befestigen. Es muss dabei vor allem darauf geachtet werden, dass beide Drahtenden ungefähr gleich lang sind, damit nachher, wenn das Sträußchen zusammengestellt wird, das Ganze eine ausreichende Stabilität hat.

2. Blätter und Silbertaler auf Draht ziehen (Abb. 57-1 ④ – ⑤)
Auch hierfür wird Draht von ungefähr 15 cm Länge verwendet. ④ Man zieht den Draht etwas oberhalb des unteren Randes durch das Blatt und biegt ihn dann vorsichtig nach unten. ⑤ Nun wird das Blatt zwischen Daumen und Zeigefinger genommen und das eine Drahtende zwei- oder dreimal fest um das andere gedreht und straff nach unten gezogen.

3. Kiefernzäpfchen und Ähnliches auf Draht ziehen (Abb. 57-1 ⑥ – ⑦)
⑥ Bei trockenen Zapfen öffnen sich die Schuppen. Dadurch ist es möglich, den Draht in die untere Schuppenreihe über dem Stängel zu ziehen. ⑦ Auch hier wird wieder das eine Drahtende einige Male um das andere gewickelt und dann fest nach unten gezogen.

Herstellen eines Sträußchens

Verschiedene Herbstmaterialien
Korsage- oder Blumenbindedraht von
0,4 mm Dicke
Drahtschere

Auf Abb. 59-1 sind verschiedene Stadien der Herstellung eines Sträußchens wiedergegeben. ① Zunächst muss entschieden werden, welche Materialien für das Sträußchen verwendet werden sollen. Diese werden auf Draht gezogen (siehe Abb. 57-1 und 59-1). ② Man fängt am besten mit etwas Langem, beispielsweise mit einer Ähre

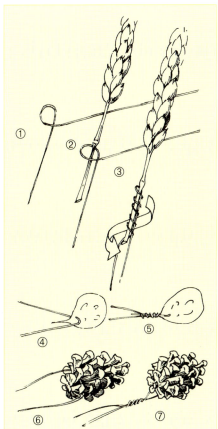

Abb. 57-1

Abb. 57-2

an. Jetzt wird etwas ausgesucht, was gut dazu passt und beides wird mit einer Hand festgehalten, während man mit der anderen Hand den Blumendraht darum wickelt und sie so miteinander verbindet. Es ist wichtig, dass der Draht nicht zu oft darum gewickelt wird, sonst wird das Sträußchen zu dick. ③ Jetzt nimmt man beispielsweise ein kleines Blatt, einen Koniferenzweig oder Derartiges und legt dies über die Stiele und den Draht der beiden ersten Teile. Diese drei Teile werden nun wiederum mit einem Draht umwickelt. Jetzt ist der Draht der beiden ersten Teile nicht mehr sichtbar.

Auf diese Art und Weise kann ein Teil nach dem anderen hinzugefügt werden. Bevor man jeweils weitermacht, muss man schauen, auf welcher Seite des Sträußchens ein neues Teil angefügt werden soll. An dieser Seite sollte das neue Teil auch festgemacht werden, und die bereits befestigten Teile sollten nicht mehr nach einer anderen Seite verrutscht werden, denn dadurch könnte die Anordnung des ganzen Sträußchens verdorben werden. Will man die Drahtstielchen verdecken, kann dies mit einem oder mehreren Blättern geschehen, die am Sträußchen befestigt werden und über den Draht herabgebogen werden. Dadurch kann im «Herzen» des Sträußchens eine Öffnung entstehen, die beispielsweise mit etwas Rundem, wie einem kleinen Kiefernzapfen oder einem Koniferenbüschel, gefüllt werden kann. Wenn das Sträußchen fertig ist, nimmt man ein Stückchen Draht aus der Mitte und wickelt diesen fest um die anderen Drähte herum, wonach das Ende mit der Drahtschere auf die gewünschte Länge zurechtgeschnitten wird. Das Sträußchen wird mit einem Stückchen Draht – oder mit Nadel und Faden – an einem geflochtenen Kranz oder einem lustigen Wurzelknorz (siehe Abb. 57-2) oder etwas Ähnlichem befestigt.

Abb. 59-2

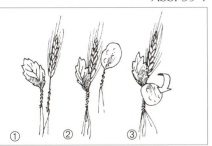

Abb. 59-1

Abb. 58-1

Schmücken eines Kiefernzapfens

ein großer Kiefernzapfen
eine Tonkugel mit einem Durchmesser von ca. 2,5 cm
ein Stück dünnes Plastik, beispielsweise von einer Einkaufstüte
ein Stück Band
ein Stück Eisendraht von ca. 0,7 mm Dicke
verschiedenes auf Draht gezogenes Herbstmaterial

Zum Schmücken eines Kiefernzapfens sollte man vorzugsweise Material aus dem Wald nehmen. Der Eisendraht lässt sich ohne weiteres an der Unterseite des Zapfens, dort, wo der Stängelansatz ist, zwischen die Schuppen schieben (Abb. 57-1 ⑥ – ⑦). Die Tonkugel wird nun in das Stückchen Plastik gewickelt (dies dient der Stabilität) und zusammen mit einer Schlinge des Bandes mit dem Eisendraht am Kiefernzapfen befestigt. Die Tonkugel wird dadurch zum Teil zwischen die Schuppen gedrückt. Jetzt werden die Enden des Drahtes so kurz wie möglich abgeschnitten und eventuelle scharfe Spitzen umgebogen und in den Ton gedrückt. Der Zapfen kann nun aufgehängt werden. Der hängende Zapfen wird mit dem auf Draht gezogenen Material geschmückt. Weil dieses in die mit Plastik umwickelte Tonkugel gesteckt werden muss, dürfen die Drähte nicht zu lang sein. Sollte es schwierig sein, das Material in die Tonkugel zu stecken, ist es ratsam, mit einer Nadel Löcher vorzustechen. Der geschmückte Kiefernzapfen kann nun aufgehängt oder irgendwohin gestellt werden.

12 Maispüppchen

Die Deckblätter des Maiskolbens liefern das Grundmaterial zu diesen Püppchen. Im Sommer bekommt man Maiskolben fast überall auf dem Markt oder beim Gemüsehändler. Sollte es nicht gelingen, Maiskolben zu bekommen, die noch Deckblätter haben, geht man am besten zu einem Bauern, der Mais anbaut (meistens als Viehfutter), und bittet ihn um ein paar Kolben.

Da die Deckblätter sehr spröde sind, müssen sie sehr sorgfältig vom Kolben gelöst werden, um zu verhindern, dass sie brechen. Am besten schneidet man die Blätter rings um den Stiel ab (siehe Abb. 60-1). Die krausen Staubfäden am oberen Ende des Kolbens werden vorsichtig gelöst und in der Sonne gut getrocknet. Wenn sie nicht wirklich trocken sind, besteht die Möglichkeit, dass sie anfangen zu schimmeln. Sie lassen sich sehr gut als Haare verwenden.

Die schönen glatten und dünnen Deckblätter des Maiskolbens werden am besten in einer Blumenpresse oder zwischen den Seiten eines alten Telefonbuches, welches beschwert wird, getrocknet. So werden die Blätter schön flach. Legt man sie jedoch in die Sonne, wölben sie sich auf oder rollen sich ganz zusammen. Sollten die Blätter nach dem Trocknen noch eine gelbgrünliche Farbe haben, legt man sie am besten einen Tag lang in die Sonne, dann bleicht die Farbe von selber aus. Die rauen, brüchigen Blätter der Maispflanze selbst können ohne weiteres in der Sonne trocknen; sie werden nachher vor allem als Füllung verwendet.

Die getrockneten Deckblätter erinnern etwas an Papier, und sie können auch wie solches gut zugeschnitten werden. Sie sind ein sehr geeignetes Bastelmaterial. Deshalb sollte in der Zeit, in der der Mais geerntet wird, ein guter Vorrat davon angelegt werden.

Deckblätter von Maiskolben; Staubfäden; Watte- oder Korkkugeln mit einem Durchmesser von 8 – 24 mm; Watte; sehr dünner Eisendraht; Kupferdraht von 0,8 mm; Knopflochseide in verschiedenen, zusammenpassenden Farben; Klebstoff; große Nähnadel; Schere

Obwohl die Maisblätter zunächst getrocknet wurden, können sie in diesem Zustand doch nicht gut verarbeitet werden und müssen wieder eingeweicht werden. Trockene Maisblätter brechen sehr leicht, während sie im feuchten Zustand geschmeidig sind und sich gut verarbeiten lassen. Man lege einzelne Blätter etwa fünf Minuten lang in eine Schüssel mit lauwarmem Wasser. Man muss daran denken, dass das feuchte Maisblatt etwas größer wird und nach dem Trocknen wieder zusammenschrumpft.

Der Kopf (Abb. 60-2 und 61-1): Mit dem Kopf fangen wir an. Dafür brauchen wir eine kleine runde Kugel als Füllung. Sie kann aus Watte oder Kork sein, eventuell kann man auch eine Holzperle verwenden. ① Ist dies alles nicht vorhanden, schneidet man ein trockenes Maisblatt quer in ca. 5 mm breite Streifen. ② Aus diesen

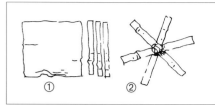

Abb. 60-2

Streifen wird ein Kügelchen geformt. Das Ende der Streifen klebt man mit etwas Klebstoff zusammen.

Die größten der hier abgebildeten Püppchen haben einen Kopfdurchmesser von etwa 20 –24 mm.

① Mit einer kräftigen Nähnadel wird ein Loch mitten durch die Kugel gestochen und danach ein Stück Eisendraht hindurchgesteckt. ② Die beiden Enden des Drahtes werden einige Male umeinandergedreht. Der Draht darf nicht zu kurz sein, denn er muss nachher auch für den Unterleib (bei der Frau) Festigkeit geben und die Beine des kleinen Mannes bilden.

③ Nun wird ein schönes dünnes (nicht zu breites) nasses Maisblatt ausgesucht, die kleine Kugel in die Mitte hineingelegt und die eine Seite des Blattes darüber geschlagen. Man muss bedenken, dass der sichtbare Eisendraht, der über die kleine Kugel vom einen Ohr zum anderen geht, über das Gesicht läuft. ④ Es kommt jetzt darauf an, das Blatt mit so wenig Falten wie möglich um das Kügelchen zu legen. Ganz ohne Falten geht es nicht, deshalb muss dafür gesorgt werden, dass eventuelle Falten nur an einer Seite des Kügelchens sind; diese Seite wird dann der Hinterkopf des Püppchens. Mit Knopflochseide wird das Blatt so fest wie möglich um den Hals gewickelt und befestigt. Danach wird das Garn noch vier- oder fünfmal um den Hals gewickelt und nochmals befestigt. Auf diese Weise bekommt das Püppchen einen Hals,

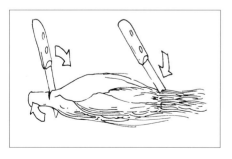

Abb. 60-1

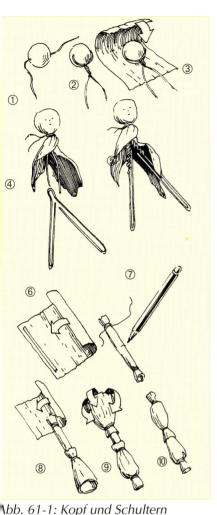

Abb. 61-1: Kopf und Schultern

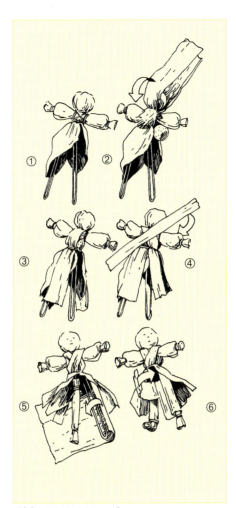

Abb. 61-2: Männchen

und der Kopf sitzt nicht direkt auf dem Rumpf. Den Rest des Maisblattes lassen wir einfach hängen. Wie bei ④ zu sehen ist, biegen wir 30 cm Kupferdraht für die Beine. Anschließend werden diese mit den beiden Enden des Eisendrahtes, das sich am Kopf befindet, umwickelt (siehe ⑤).

Die Arme (Abb. 61-1 ⑥ – ⑩):
⑥ Für die Arme des Püppchens wird ein Stück Kupferdraht (oder u.U. auch einmal ineinander gedrehte Eisendrähtchen) von ca. 10 cm Länge verwendet, welches in ein Stückchen Maisblatt gewickelt wurde. Das Blatt sollte an beiden Enden ca. 1 cm über den Draht hinausragen und 7 – 8 cm breit sein, je nach Dicke des Blattes (wenn das Blatt zu dünn ist, muss man es häufiger um den Draht wickeln, damit die Arme nicht zu dünn werden). ⑦ Das gerollte Blatt wird direkt außerhalb des Eisendrahtes mit Garn umwickelt und befestigt. Mit Kugelschreiber oder Filzstift wird die Mitte der Arme bezeichnet. ⑧ Nun bekommen die Arme Ärmel; die Frauen bekommen einen dreiviertel langen Ärmel, die Männer lange Ärmel. Dazu braucht man ein Stück Maisblatt von ungefähr 6 x 6 cm. ⑨ Die Ärmel werden, mit der linken Seite nach außen, gefältelt, an den Armen befestigt, ⑩ danach umgedreht und in der Mitte der Arme befestigt. Gelingt es nicht, dass die Ärmel richtige «Puffärmelchen» werden, können sie, bevor sie zugebunden werden, mit kleinen Maisblattresten gefüllt werden. ① Nun werden die Arme am Kopf befestigt, man muss dafür sorgen, dass ein Stück Hals sichtbar bleibt. Es ist wichtig, darauf zu achten, welche Seite des Kopfes die wenigsten Falten hat und somit für das Gesicht geeignet ist, denn die Arme werden an der Rückseite des Halses befestigt, und zwar so, dass sie einige Male kreuzweise mit Garn umwickelt und befestigt werden.

Der Oberkörper (Abb. 61-2):
② Nun müssen Bauch und Rücken «gefüllt werden». Dazu werden zwei schmale Maisblattstreifen (von ca. 3 cm Breite) in der Mitte des Nackens, direkt oberhalb der Arme, befestigt. Der Rücken wird dort, wo die Arme wurden, mit kleinen Wattestückchen gefüllt. Für die Brust wird ein halbes Watte- oder Korkkügelchen verwendet, das dieselbe Größe hat wie der Kopf. ③ Nun werden die soeben befestigten Maisblattstreifen über Watte und halbes Kügelchen gelegt und mit Garn in der Taille befestigt.
④ Zur Fertigstellung der Schulterpartie werden einige Maisblattstreifen von 10 – 15 mm Breite zugeschnitten. Ein Streifen wird schräg von der linken Schulter zur rechten Taillenseite des Püppchens gelegt und befestigt. Dasselbe geschieht von der anderen Seite. Sollte die Seite des Oberkörpers noch nicht genügend bedeckt sein, wird der Vorgang wiederholt.

Schließlich wird diese Bearbeitung noch einmal gemacht, wobei darauf geachtet wird, dass beide Streifen lose um den

Oberkörper gelegt und befestigt werden, damit sie nachher im getrockneten und etwas geschrumpften Zustand nicht zu fest am Körper anliegen. Diese letzten Streifen bilden die Bluse des Püppchens.

Der Unterleib:
Nun ist der Unterleib an der Reihe. Je nach Art des Püppchens wird folgendermaßen vorgegangen:
⑤ Ein Männchen braucht Beine und Hosen. Dazu werden die beiden Enden des Eisendrahtes getrennt umwickelt. Wenn die Beine fertig sind, wird das Ende als Fuß umgebogen. Das Umwickeln der Beine kann unter Umständen noch einige Male wiederholt werden, bis die Hosenbeine dick genug sind.
⑥ Das letzte Stück des Maisblattes wird dann um den ganzen Oberkörper gedreht (die Hosenbeine werden auf die richtige Länge zugeschnitten). Eventuell kann das Maisblatt, sobald es trocken ist, mit etwas Klebstoff befestigt werden. Selbstverständlich können dem Männchen auch lose Hosenbeine gemacht werden. In diesem Fall wird ein Maisblatt, etwas angereiht, lose um ein Bein gelegt und nur am oberen Beinende befestigt. Möchte man dem Püppchen Knickerbocker anmessen, wird dies auf dieselbe Art und Weise gemacht, wie dies bei den Ärmeln beschrieben wurde: Zunächst wird das Maisblatt, das um das Bein gewickelt wurde, an der Wade befestigt, mit der Innenseite nach außen gewendet und am Oberbein befestigt. Beim Männchen können alle Unebenheiten und übrigen Fädchen des Oberbeines versteckt werden, indem man dem Püppchen einen Kittel anzieht (Abb. 62-3).

Der *Unterleib der kleinen Frauen* kann entweder ganz gefüllt werden oder nur aus Rock und Unterrock bestehen (Abb. 62-2). ① Zum Füllen werden die nicht so schönen Maisblätter und Streifen verwendet. Die nassen Streifen werden nacheinander fächerförmig hingelegt und das Püppchen in die Mitte platziert. ② Nun werden die Streifen an der Taille des Püppchens befestigt. Dies wiederholt man an der anderen Seite der Puppe. ③ Die Maisstreifen, die über die Taille hinausragen, werden jetzt nach unten geschlagen und zusammengebunden. ④ Jetzt werden ein oder zwei schöne (nasse) Maisblätter ausgesucht, das ganze Püppchen darin eingewickelt und schließlich auf der Höhe der Taille fest umwickelt. Um gut arbeiten zu können, werden die Arme links und rechts des Kopfes nach oben gelegt. Die Hälfte der Blätter, die oberhalb der Taille sind, werden jetzt nach unten geschlagen und vorsichtig glatt gestrichen. ⑤ Der untere Rand des «Rockes» wird provisorisch zugeschnitten, so dass die Puppe stehen kann. Bei diesem gefüllten Rock ist es besonders wichtig, dass die innersten Maisstreifen richtig trocken sind, sonst fangen sie an zu schimmeln. Zu dem Zweck wird das Püppchen einige Tage auf die Heizung gestellt. – Möchte man ein Püppchen mit nicht gefülltem Unterleib haben, nur mit Rock und Unterrock, arbeitet man nur mit den letzten Maisblättern. Dabei muss man darauf achten, dass der Rock schön gebogen ist, sonst fällt das Püppchen um

Abb. 62-1

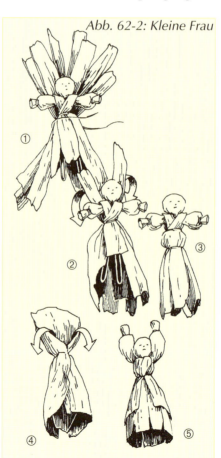

Abb. 62-2: Kleine Frau

Abb. 62-3

Der Vorteil dieses Rockes besteht darin, dass das Püppchen die Beine beugen und knien oder sitzen kann. Dafür sorgen die beiden langen Drahtenden, die beim Männchen für die Beine verwendet werden. Allerdings muss Sorge getragen werden, dass der Draht unsichtbar bleibt.

Fertigstellung:
Nachdem das Püppchen richtig trocken ist, werden alle Ränder der Maisblätter ordentlich nachgeschnitten und die losen Garnenden mit etwas Klebstoff festgeklebt. Jetzt können die Püppchen auch noch bekleidet werden mit den getrockneten Maisblättern, die sich gut zuschneiden lassen und leicht festgeklebt werden können.
Für die Haare verwendet man die krausen Staubfäden. Will man Zöpfe flechten, müssen sie zuerst wieder etwas nass gemacht werden.
Maisblätter können auch gefärbt werden. Dies geschieht auf dieselbe Art und Weise wie bei Stoffen oder Batiken. Wir gehen in diesem Buch nicht weiter darauf ein, weil der Aufwand sich für ein paar Maisblätter nicht lohnen würde.
Die zarten Farben, die bei den Röckchen der Puppen von Abb. 62-1 und 62-3 zu sehen sind, wurden dadurch erreicht, dass die Maisblätter in eine Schüssel mit verdünnter Wasserfarbe gelegt, nach einer halben Stunde herausgeholt und mit klarem Wasser ausgespült wurden. Danach wurden sie in der Blumenpresse getrocknet. Eine Schürze oder etwas Derartiges kann natürlich auch mit Farbe besprüht werden. Solche Kleidungsstücke werden mit etwas Klebstoff auf die Püppchen geklebt und mit einem sehr schmalen Maisblattband befestigt. Schließlich kann auch das fertige Püppchen mit etwas Wasserfarbe angemalt werden.

13 Herbstmaterial aus Wald und Feld

Auf Abb. 58-1 sehen wir einige Materialien, die die Natur uns im Herbst schenkt und die wir nur aufzuheben brauchen. Wir brauchen dazu weder Bäume noch Pflanzen noch Sträucher zu beschädigen.

Es handelt sich hier um folgende Materialien: *Kastanien, Esskastanien, Eicheln, Bucheckern, Kiefernzapfen, Fichtenzapfen, Maiskörner, Maisstaubfäden, Haselnüsse, Hagebutten, Federchen, Ahornnasen, Lindensamen, Silbertaler, usw.*
Mit all diesem können die Kinder auch wunderbar Kaufladen spielen.

Die gesammelten Materialien müssen an einem trockenen Ort aufbewahrt werden, wo sie «atmen» können. Vor allem Eicheln und Kastanien können leicht schimmeln (also nicht in einer Plastiktüte aufheben!). Um das Material etwas zu ordnen, empfiehlt es sich, Getreide, Gräser und Federn in hohen Marmeladengläsern aufzuheben. Das übrige Material lässt sich am besten in selbst hergestellten Pappschächtelchen aufheben.

Pappschächtelchen (Abb. 63-1)

festes Papier oder dünner Karton (A4 oder A3)
① Papier oder Karton wird nacheinander an beiden Seiten in der Mitte gefaltet.
② Nun werden die beiden Längsseiten nochmals gefaltet und als Seitenwände senkrecht aufgestellt. Danach wird eine der kurzen Seitenwände aufgestellt und die Ecke, die dadurch entsteht, nach innen gefaltet und mit etwas Klebstoff befestigt. ③ Danach wird das herausragende Stück an der Schmalseite nach innen gefaltet und mit etwas Klebstoff befestigt. Die andere Seite wird auf die gleiche Art und Weise gefertigt, und das Schächtelchen ist fertig.

Puppen und Tiere aus Kastanien, Eicheln und anderem Material

*Ess- oder normale Kastanien
Eicheln
Maiskörner, Deckblätter und Staubfäden
Haselnüsse
Hülsen von Bucheckern
Hagebutten
Schaschlikspieße aus Holz
Kupferdraht
ein Strohhälmchen
Sonnenblumenkerne
Ahornnasen*

Abb. 63-1

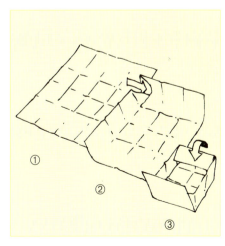

Für die kleinen Männer und/oder Frauen sucht man ein paar schöne Kastanien in den richtigen Maßen für Kopf, Oberkörper und Unterleib aus. Mit der Ahle werden in die Kastanien ein paar Löcher vorgebohrt, in diese Stücke des Schaschlikspießchens hineingesteckt und so die Kastanien miteinander verbunden. Dann steckt man ein Stück Kupferdraht für die Arme in der richtigen Höhe in den Oberkörper (eventuell muss auch hier zuerst ein kleines Loch vorgebohrt werden). Die Oberarme werden aus Eicheln gemacht, die auf jeden Fall vorgebohrt werden müssen; die Unterarme bestehen aus auf Kupferdraht aufgereihten Maiskörnern. Die Hände werden aus kleinen Stücken von Stroh gefertigt. Dadurch, dass Kupferdraht verwendet wird, können die Arme gebogen werden. Die Beine werden aus Schaschlikspießchen gemacht, die fest in vorgebohrte Löcher in die Kastanien gesteckt werden. Die Schuhe bestehen aus der Länge nach durchgeschnittenen Eicheln.

Das *Frauchen* auf Abb. 65-1 wurde mit einer Schürze versehen, die aus einem Maisdeckblatt gemacht wurde, das Haar besteht aus den Staubfäden des Maiskolbens.
Das *Männchen* trägt einen kleinen Eichelhut und raucht eine Eichelpfeife. Der kleine *Hund* wurde aus zwei Eicheln gemacht, ein paar Sonnenblumenkernen für die Ohren (dafür müssen kleine Spalte in den Kopf geschnitten werden) und aus Schaschlikspießchen. Die verwendeten Materialien der Figuren auf Abb. 65-2 sprechen für sich selber. Das Körbchen am Arm der kleinen Frau wurde aus einer Walnuss hergestellt, und der Henkel besteht aus einem Maisblattstreifen.
Der kleine Silbertalerzweig im Hintergrund steht auf einer kleinen Astscheibe. Diese Astscheiben sind zum Aufstellen verschiedener Dinge sehr gut geeignet.
Bei den *Püppchen* von Abb. 65-4 wurden unter anderem Eichelhütchen, Hülsen von Esskastanien und Hagebutten verwendet.
Für die *Vögelchen* von Abb. 65-5 wurden, damit sie einen festen Stand haben, flache Kastanien oder halbe Eicheln verwendet. Die Flügel bestehen aus Ahornnasen.

Eichelschlange

Eicheln; eine Hagebutte; ein rotes Herbstblättchen; Kupferdraht
Die Eicheln werden der Länge nach durchbohrt und dann auf Kupferdraht gezogen. Die Löcher dürfen nicht zu groß werden, denn die Eicheln müssen fest sitzen. Für die Augen werden zwei kleine Stücke Hagebuttenschale verwendet; sie werden in zuvor ausgeschnittene «Höhlungen» geklebt. Schließlich wird in das kleine aufgeschnittene Maul ein festes, schön rot gefärbtes Herbstblättchen geschoben.

Kiefernzapfeneule

ein Kiefernzapfen; Kiefernnadeln; zwei Eichelkäppchen mit Stielen; zwei Bucheckern; Ahornnasen
① Zunächst wird die Unterseite des Kiefernzapfens mit etwas Sandpapier abgeflacht, damit die Eule nachher nicht umfällt. ② Nun nimmt man einige Ahornnasen, schneidet die Samenverdickung ab und macht zwei Füßchen daraus, indem jeweils drei Flügelchen mit etwas Klebstoff zusammengeklebt werden. Wenn die Füßchen getrocknet sind, werden sie an die Unterseite des Kiefernzapfens geklebt. Nun wird eine Buchecker mit einer Ahle oder einer

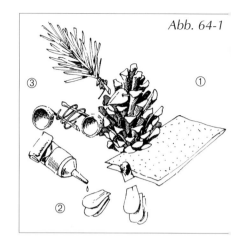

Abb. 64-1

dicken Nadel durchbohrt und auf ein Stückchen Blumendraht gefädelt, wonach sie – die Nase – zwischen den Schuppen des Kiefernzapfens befestigt wird.
③ Jetzt werden die Stielchen der Eichelkappen an einem Stückchen Blumendraht befestigt, der Draht zwischen den Zapfenschuppen durchgeführt und so befestigt, dass das Bucheckernnäschen schön zwischen den beiden Eichelkappen sitzt. Unter Umständen müssen einige Schuppen entfernt werden, damit die Eichelaugen richtig platziert werden können. Schließlich nimmt man ein Kiefernzweigchen mit Nadeln und befestigt dies an der oberen Seite des Kiefernzapfens (beispielsweise mit etwas Blumendraht).

Mäuse aus Kiefernzapfen

(Abb. 65-3)

Spitz zulaufende Kiefernzapfen
getrocknete Lindensamen
Staubfäden vom Mais oder lange Moosfäden
Die Mäuschen sind sehr einfach zu machen. Man suche solche Kiefernzapfen, die in einer Spitze enden und deren Schuppen noch geschlossen sind. Nun bohrt man an der Seite des Stielansatzes

Abb. 65-1 bis 8

ein kleines Loch und klebt darin den Schwanz mit etwas Klebstoff fest. Der Schwanz kann aus verschiedenen Materialien hergestellt werden: aus den Staubfäden des Mais, die, wenn sie nass sind, zu einem schönen dünnen Schwanz gedreht werden können; aus Moosfäden, die in wärmeren Gegenden zu finden sind, aber auch beispielsweise aus einem dünnen Lederstreifchen oder etwas Wolle. Die Augen werden aus einem kleinen Aststückchen gemacht, wie dies bei der kleinsten Maus der Fall ist; sie können auch, wie bei den anderen Mäusen, aus halben Lindensamen gemacht werden. Diese Samen haben, solange sie noch am Baum sind, eine graugrüne Farbe. Sobald sie jedoch zu Boden fallen, bekommen sie eine harte Schale und werden beinahe schwarz.

Mit etwas Klebstoff werden die Augen an der richtigen Stelle festgeklebt, und die Mäuse sind fertig.

Geflügelte Tiere

Kiefernzapfen; Lerchenzapfen; Eicheln mit Hülsen; Federn; Bucheckern; Ahornnasen; Lindensamen mit «Flügelchen»; Federchen

Bei den Vögelchen bilden Kiefernzapfen die Basis. Für die Köpfchen wurden verschiedene Materialien verwendet: eine Eichel mit Hülse und Stiel, ein kleiner Kiefernzapfen oder ein Lerchenzäpfchen mit Stiel. Mit Hilfe des Stielchens oder eines kleinen Zweiges werden sie am Körper angeklebt. Eventuell muss ein Loch vorgebohrt werden. Für die Flügel und den Schwanz können verschiedene Materialien verwendet werden: die Flügel aus Lindensamen, Ahornnasen und kleine Federchen. Vor allem die hängenden Vögelchen von Abb. 65-6 können fliegen, weil sie «echte Federchen» haben.

Variation:
Man stelle eine Anzahl *fliegender* Vögelchen her und füge sie zu einem *Vogelmobile* zusammen, wie das bei den geflochtenen Spiralen auf Abb. 51-2 zu sehen ist, oder man befestige sie an einem Reifen wie bei dem Bienenmobile auf Abb. 66-2.

Geschmückte Kiefernzapfen

(Abb. 66-1)

ein Kiefernzapfen; allerlei Grassorten, Federn usw.
Man suche einen schönen runden Kiefernzapfen und klebe allerlei Gräser und Federn kreisförmig zwischen den Schuppen fest. Es empfiehlt sich, nicht alles gleichzeitig zwischen die Schuppen fügen und festkleben zu wollen, sondern sozusagen Reihe für Reihe zu arbeiten und immer wieder zu schauen, wo noch etwas dazwischen gesteckt werden muss, um ein harmonisches Ganzes zu bekommen.
Man klebt also zuerst eine Anzahl Gräser in größerem Abstand zwischen die Schuppen und lässt dies trocknen, bevor man weitermacht. Das Trocknen

Abb. 66-1

geschieht am besten, indem der Kiefernzapfen in eine Tasse gelegt wird, wobei die Grasstielchen auf dem Rand aufliegen. Wenn diese erste Runde getrocknet ist, kann man weitermachen.

Bienenmobile (Abb. 66-2)

Erlenfrüchte, Ahornnasen; ein Stück Binse
Nachdem die Samenverdickungen von den Ahornnasen abgeschnitten wurden, werden die Nasen mit etwas Klebstoff zwischen die Erlenfrüchtchen gesteckt. Nun wird ein dünner Faden um die Mitte der Bienchen gebunden, so dass sie fliegen können. Aus der Binse wird ein kleiner Reif gefertigt. Weil die Binse

Abb. 66-2

Abb. 67-1

Abb. 67-2

Kugeldistelspinne (Abb. 67-1/2)

eine Kugeldistel
Aus den untersten langen Stacheln einer Kugeldistel kann leicht eine Spinne gemacht werden. ①② Zunächst wird der Stiel der Kugeldistel ganz abgeschnitten, dann die Spinne aufgeschnitten und an einem Fädchen aufgehängt.

Kugeldisteligelchen (Abb. 67-2)

eine Kugeldistel; Lindensamenkügelchen
Wenn die Igel Junge haben, kann man sie, wenn man Glück hat, in einer Reihe hintereinander laufen sehen: Vater Igel, Mutter Igel und dahinter die Kinderchen.
③ Der Stängel der Kugeldistel wird, bis auf 5 mm, für die kleine Schnauze abgeschnitten (Abb. 67-1). Die langen, sprossenartigen Teile rund um das Schnäuzchen werden entfernt und eine flache Seite hergestellt, indem man mit der Schere ein Stück weit die Stacheln abschneidet.
Nun schneidet man ein paar schwarze Lindensamen in der Mitte durch: Die eine Hälfte ist für die Schnauze, die beiden anderen werden an die Stelle der Augen geklebt.

häufig zu biegsam ist, empfiehlt es sich, diese doppelt zu nehmen und an beiden Enden zusammenzukleben oder mit einem Stückchen Blumendraht miteinander zu verbinden. Die Bienen werden jetzt in verschiedenen Höhen im Reifen aufgehängt.

Abb. 67-3

Kiefernzapfentrolle

Haselnusshülsen; Kiefernzapfen und Fichtenzapfen; Maishaar; Erlenfrüchte
Man wählt einige Haselnusshülsen aus und schaut, welche Seite am ehesten einem Gesicht ähnelt. Zwischen die wilden Haare der Nusshülse wird ein Stückchen Blumendraht gebunden, mit dem der Kopf am Körper des Kiefernzapfens befestigt werden kann (Abb. 67-3). Für den Körper von beiden Trollen auf Abb. 67-4 wurden ein Kiefernzapfen und ein Fichtenzapfen verwendet.

Abb. 67-4

67

Wenn man die Spitzen aus den Kiefernzapfen entfernt und sie umdreht, wodurch die Seite, mit der sie am Ast festgewachsen waren, nach oben zeigt, entsteht unten ein mehr oder weniger gerader runder Rand, auf dem sie stehen können. Meistens empfiehlt es sich, die Schuppen der obersten Reihe (die nachher unten bei den Füßen sind) beispielsweise mit einem Stück weichem Bienenwachs oder etwas Ton zusammenzuhalten.

Nun wird der Kopf am Kiefernzapfenkörper befestigt, indem der Blumendraht unsichtbar zwischen den Schuppen verankert wird.

Für die Arme kann man beispielsweise Erlenfrüchte verwenden, die mit den Ästchen zwischen die Schuppen des Kiefernzapfens gesteckt werden, nachdem man etwas Klebstoff daran getan hat. Wenn noch etwas Blumendraht übrig ist, nachdem der Kopf am Körper befestigt worden ist, kann dieser für die Arme verwendet werden, nachdem er mit Maishaar umwickelt wurde.

Für die Füße werden Kiefernzapfenschuppen verwendet, die mit Klebstoff oder mit etwas Blumendraht am Kiefernzapfen befestigt werden; wenn man Blumendraht verwenden will, müssen die Schuppen zuerst auf den Draht gefädelt werden, bevor sie am Körper befestigt werden können. Der Hohlraum bei den Füßen kann mit etwas Ton ausgefüllt werden, damit der Troll besser stehen kann. Die Füße des kleinsten Trolles wurden aus einem Stückchen Kiefernzapfen gemacht, der von Eichhörnchen beinahe ganz abgeknabbert worden war.

Abb. 68-1

Herbstgirlanden

Zum Anfertigen von Herbstgirlanden können wir unendlich viel Material verwenden. Man sollte während eines Spaziergangs sich in der Natur umschauen und sehen, was es alles an reifen Früchten und Samen zu finden gibt. Geeignete Materialien sind z.B.: frische Maiskörner und Maishaar, getrocknete Blätter, Hagebutten, Bucheckern und Hülsen von Bucheckern, Eicheln und Eichelhütchen, Kastanien, Haselnüsse, Strohhalme, Schalen von Esskastanien, Kürbiskerne, Hopfenglocken usw.

Mobile aus Herbstgirlanden

Weil die Girlanden dieses Mobiles nach unten hängen, werden zwischen alle Früchte wie Kastanien, Nüsse usw. immer kleine Strohstücke von unterschiedlicher Länge gefädelt. Um diese Strohstückchen zuzuschneiden, braucht man ein scharfes Scherchen, denn wenn zu langsam mit stumpfer Schere geschnitten wird, besteht die Gefahr, dass die Strohhalme platt gedrückt werden und brechen.

Wie auf Abb. 69-1 zu sehen ist, wurden die unterschiedlichsten Dinge für die Girlande verwendet, bis hin zu kleinen Zweigchen und Staubfäden vom Mais. Bei diesem Beispiel wurde für das Mobile ein Ring aus geflochtenem Stroh verwendet. Selbstverständlich können auch andere Materialien genommen werden.

Fenstergirlanden (Abb. 68-1)

Wie man das Fenster schmückt, hängt davon ab, was für Gegenstände man zur Verfügung hat. Man kann beispielsweise getrocknete Blätter sehr vorsichtig auf einen festen Faden fädeln und muss nur dafür sorgen, dass zwischen jedem Blatt ein gewisser Abstand eingehalten wird, damit die Formen gut zu ihrem Recht kommen können. Selbstverständlich können auch noch nicht getrocknete Blätter verwendet werden, die haben jedoch den Nachteil, dass sie, sobald sie in der Wärme sind, sich zusammenrollen, verschrumpeln und an Farbe verlieren. Wenn die Blätter gut getrocknet wurden, werden sie im Allgemeinen ihre Farbe behalten. (Über das Trocknen von Blättern vgl. S. 70.)

Abb. 69-1

Die beiden Enden der Girlande werden mit einer Schlinge versehen und mit ein paar Reißnägeln, Stecknadeln oder etwas Klebeband am Fensterrahmen oder an dem Fenster selber befestigt. Will man Maiskörner verarbeiten, nimmt man am besten die frischen zarten Körner, die gerade aus dem Kolben geholt worden sind. Wenn solche nicht zur Verfügung stehen, gibt es auch die Möglichkeit, getrocknete Maiskörner kurz aufzukochen, damit sie wieder weich werden.

Die Bucheckern müssen, bevor sie aufgefädelt werden, durchbohrt werden. Desgleichen verfährt man bei getrockneten Eicheln, Eichelhütchen und Haselnüssen. Sind die Kürbiskerne noch frisch und feucht, ist es nicht schwierig, sie mit der Nähnadel zu durchstechen. Durch getrocknete Kerne jedoch muss zuerst ein Loch gebohrt werden. Natürlich muss man nicht alle Girlanden (wie auf Abb. 68-1) gleichzeitig aufhängen. Es macht Spaß, die Girlanden während des Herbstes zu wechseln. Auch weil manche Früchte und auch andere Materialien nach einiger Zeit verschrumpeln. Dann wäre es schön, diese Girlande durch eine andere zu ersetzen.

Manchmal sieht es schöner aus, wenn die Früchte oder Nüsse nicht zu dicht aneinander aufgefädelt werden; um die Sache luftiger zu machen, können kleine Strohstückchen dazwischengefädelt werden. Siehe dazu auch das Mobile aus Herbstgirlanden.

14 Herbstblätter

Es ist immer wieder eine spannende Beschäftigung, im Herbst geeignete Blätter zu suchen. Es sind nicht so sehr die großen Blätter, sondern gerade mittelgroße und vor allem kleine, die, wie die Erfahrung zeigt, am meisten gebraucht werden. Es ist auch wichtig, dass man viele verschiedenartige Formen sammelt. Will man Bilder oder Darstellungen kleben, ist es besonders nötig, dass man die verschiedensten Formen zur Verfügung hat.
Aufbewahrt werden die getrockneten Blätter am besten nach Art, Farbe oder Größe in großen Briefumschlägen. Die Blätter müssen wirklich trocken sein, sonst besteht die Gefahr, dass sie im Umschlag schimmeln.

Arbeiten mit frischen Blättern

frische Herbstblätter
Kleister (Tapetenkleister)
Natürlich kann man auch schon mit den frischen Blättern alles Mögliche basteln. Vor allem für die kleinen Kinder ist es in der Regel gar nicht einfach, wenn sie zunächst viele Blätter sammeln und trocknen müssen, ohne gleich etwas mit ihnen anfangen zu dürfen. Sie finden es wahrscheinlich herrlich, wenn sie sofort mit ihren Funden arbeiten dürfen.
Dies geht an der Außenseite der Fenster am besten. Mit etwas Kleister werden die Blätter auf die Scheibe geklebt. Nach einiger Zeit werden sie vertrocknen, wobei sie verschrumpeln und ihre Farbe verlieren. Mit ein wenig warmem Wasser lässt sich alles wieder abwaschen.

Trocknen von Blättern

Die einfachste Methode, um Herbstblätter zu trocknen, ist die, sie zwischen die Seiten eines alten Telefonbuches zu legen. Dort bleiben sie etwa eine Woche. Man beschwert das Telefonbuch am besten mit ein paar schweren Büchern (oder einigen Backsteinen), dann werden die Blätter gut flach gepresst und bekommen keine Falten. Sehr praktisch ist es allerdings, wenn man eine Blumen- oder Blattpresse zur Hand hat (S. 41).
Allerdings sind nicht alle Blätter zum Trocknen geeignet wie z.B. die Birkenblätter, die durch das Trocknen ihre schöne Farbe gänzlich verlieren und braun werden. Andere Blätter wiederum, wie die der Kastanie, pflückt man am besten, solange sie an der Innenseite noch grün sind und einen kleinen gelbbraunen Rand haben.

Fensterornament aus getrockneten Blättern

Herbstblätter; ein großes Blatt Transparentpapier; Klebstoff
Auf Abb. 71-1 ist ein Ornamentrand aus getrockneten Herbstblättern zu sehen. Um diesen Rand aufbewahren zu können, wurde er auf ein großes Stück Transparentpapier geklebt. Es ist nicht ratsam, direkt auf die Scheibe zu kleben, denn das Wiederablösen ist sehr arbeitsaufwendig. Außerdem muss der Blätterrand flach auf dem Tisch liegend gemacht werden, um Farbschattierungen und Blätterkombinationen richtig ausprobieren zu können. Dazu werden sie lose auf das Transparentpapier gelegt, um zu sehen, ob die Kombination gelungen ist. Man muss darauf achten, dass das Transparent-

Abb. 71-1 ▶

papier nachher nicht mehr sichtbar ist, es sollte also von den Blättern ganz bedeckt werden. Für den Blätterrand wurde ein großes Blatt Transparentpapier verwendet, von dem ein Rand von ca. 10 cm Breite ausgeschnitten wurde. Selbstverständlich kann man den Rand auch aus in Streifen geschnittenem Transparentpapier machen. Bevor man mit der Arbeit anfängt, sollte man am Fenster genau Maß nehmen, damit der Rand nachher auch gut passt.

Man fängt an einer der Ecken an und legt einige Blätter außerhalb des Papiers dachziegelartig übereinander und beurteilt die Wirkung. Aufgepasst, getrocknete Blätter sind sehr brüchig. Nun werden die Blätter eins nach dem anderen auf das Transparentpapier aufgeklebt. Da die Blätter getrocknet sind, empfiehlt es sich, keinen Leim auf Wasserbasis zu verwenden (also keinen Kleister). Am günstigsten ist ein Klebestift, er klebt Papier ebenso gut wie Blätter und ist schnell trocken. Klebstoffreste lassen sich leicht entfernen. Nach jedem Teilabschnitt lässt man den Klebstoff kurz trocknen, damit alles gut klebt. Am besten legt man etwas Schweres (ein dickes Buch) darauf.

Wenn man nicht darauf warten will, bis das erste Stück fest ist, kann man an einer anderen Ecke anfangen. Solange an dieser Stelle der Leim trocknet, kann man wieder am ersten Teilabschnitt weitermachen.

Wenn der Blätterrand fertig ist, kann er mit ein paar Streifen Klebeband an der Innenseite der Scheibe befestigt werden. Zum Aufheben später wird der Rand zwischen Karton gelegt.

Herbsttransparente (Abb. 72-1)

Herbstblätter und Gräser; fester Karton; Transparentpapier; Klebestift

Zuerst wird der Karton ausgeschnitten. Nach Wunsch macht man einen Rahmen in viereckiger, runder oder ovaler Form. Die Konturen des Randes werden auf das Transparentpapier übertragen, und danach sucht man schöne Blätter und/oder Gräser aus. Dies alles wird mit möglichst wenig Leim auf das Transparentpapier geklebt. Schließlich wird der Rand aus Pappkarton auf das Ganze aufgeklebt, möglicherweise beschwert und getrocknet.

Postkarten und Briefpapier

Herbstblätter; Postkartenpappe, Briefpapier; Selbstklebefolie

Wie man auf Abb. 72-2 sehen kann, ist es ganz einfach, schöne Karten selber zu machen und Briefpapier zu verzieren. Oft reicht schon ein hübsch geformtes Blatt, man kann natürlich auch eine ganze Karte verzieren und originelle Postkarten herstellen. Die getrockneten Blättchen werden mit Klebestift auf das Papier oder die Pappe geklebt, und während sie trocknen, beschwert man sie. Hat man eine ganze Postkarte gemacht, ist es ratsam, als Schutz für die Blätter etwas Selbstklebefolie darüber zu kleben.

Krone aus Herbstblättern

große Herbstblätter, beispielsweise vom nordischen Ahorn

Abb. 72-3 zeigt deutlich, wie diese Blätterkrone gemacht wird. Zuerst werden die Stiele abgeschnitten und aufgehoben. Nun werden zwei Blätter

Abb. 72-1

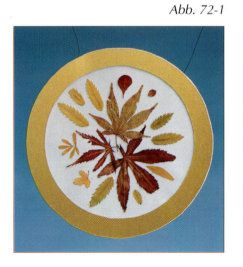

Abb. 72-2

Abb. 72-3

um Teil übereinander gelegt und mit einem Stielchen (wie mit einer Nadel) durchstochen, so dass sie zusammenbleiben. So fährt man fort, bis die Krone die gewünschte Länge erreicht hat. Man kann der Krone mehr Festigkeit geben, indem man an die Innenseite einen Streifen Tesakrepp klebt. Schließlich werden beide Enden miteinander verbunden, und die Krone ist fertig.

5 Herbst, die Zeit Michaels und St. Martins

St. Michael mit dem Drachen aus Herbstblättern

Herbstblätter; Transparentpapier
Die Arbeitsweise ist genauso wie beim Fensterornament von S. 71.
Nun wird allerdings kein Rand aus Transparentpapier gemacht, sondern man nimmt ein ganzes Blatt, das auf die Fensterscheibe passen muss.
Anstelle einer dekorativen Verzierung, wird nun eine richtige Darstellung gemacht. Am besten macht man zunächst auf einem Stück Papier einen Entwurf. Dann kann man, sehr vorsichtig, mit wenigen feinen Linien, die Formen vorzeichnen, nach denen die Blätter aufgeklebt werden sollen. Nun beginnt man an einer Seite, indem man die Blätter entweder dachziegelartig oder nebeneinander auf das Papier legt. Auch hier ist es wichtig, dass die bereits fertigen Abschnitte, mit einem Buch beschwert, trocknen, bevor man weitermacht. Wie man auf Abb. 73-1 sehen kann, ist es durchaus nicht nötig, das ganze Transparentpapier voll zu kleben. Es ist sogar sehr schön, wenn es freie Stellen gibt, durch die das Licht hereinscheinen kann.

Spinnwebe

eine schöne, große Kastanie; Schaschlikspieße oder Cocktailspieße; farbige Wolle; Silberfaden; Ahle oder große Nähnadel
Mit einer Ahle oder einer großen Nähnadel werden in die Kastanie Löcher gestochen. Es sollten mindestens sieben Löcher sein. Nun wird in jedes Loch ein Schaschlikspießchen oder Cocktailspießchen gesteckt: Für eine große Spinnwebe werden Schaschlikspieße verwendet, für eine kleine Cocktailspieße.
Nun wählt man eine farbige Wolle aus, knotet den Faden an eines der Spießchen und schiebt die Wolle fest an die Kastanie heran. Der Wollfaden wird jetzt von einem Spießchen zum nächsten geführt, wobei die Wolle jeweils einmal um jedes Spießchen geschlungen wird. Dies wird so lange gemacht, bis die Farbe deutlich sichtbar ist. Dann wird der Faden abgeschnitten und eine neue Farbe daran geknotet, wonach, wie zuvor, jedes Spießchen umschlungen wird. Man muss darauf achten, dass die Knoten so klein wie möglich und immer an der Rückseite des Gewebes sind. Die schöne glatte Seite der Kastanie sollte die Vorderseite sein. Dadurch, dass die Farben immer wieder anders sind, entsteht der Effekt, der auf Abb. 73-2 zu sehen ist. Schließlich wird das letzte Wollendchen an einem der Schaschlikspießchen befestigt.

Variation 1: Die Spinnwebe von Abb. 74-1 ist im Prinzip genauso gemacht wie die erste, nur wurde hier eine einzige Farbe verwendet, und zwischen den Runden der einzelnen Fäden wurden Zwischenräume gelassen, wodurch eine echte Spinnwebe entsteht.

Variation 2: Für die Spinnwebe von Abb. 74-2 wurde Silberdraht verwendet, wodurch es aussieht, als wenn Tau auf der Spinnwebe liegen würde.

Abb. 73-1

Abb. 73-2

Abb. 74-1

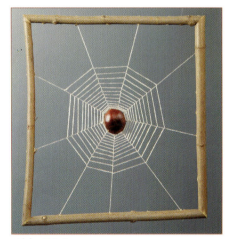

Abb. 74-2

Abb. 74-3

Anstelle von Schaschlikspießchen werden jetzt vier kleine Zweige verwendet, aus denen ein Rahmen gemacht wird; man bohrt kleine Löchlein durch die Zweige.
Nun werden einige Löcher ganz durch die Kastanie gebohrt. Mit Nadel und Silberfaden fährt man jetzt zuerst durch ein Loch in einem der Zweige, danach durch die Kastanie hindurch und schließlich wieder durch eines der Löcher eines anderen Zweiges, der auf der anderen Seite des Rahmens ist (z.B. von rechts oben nach links unten). Die Löcher müssen etwas kleiner sein als die Schaschlikspießchen, denn dann können die Fäden – zunächst vorläufig – mit einem Schaschlikspießstückchen festgepflockt werden. Wenn die Kastanie durch alle Fäden provisorisch befestigt ist, wird ein Schaschlikspießstückchen nach dem anderen herausgezogen, und nacheinander werden alle Fäden fest angezogen. Nun werden die Stöckchen fest und endgültig in die Löcher in den Zweigen gedrückt und die herausragenden Enden abgeschnitten.
Jetzt kann mit dem *Weben* der Spinnwebe angefangen werden. Ist die Spinnwebe groß genug, wird der Schluss mit einem Knoten gemacht, und alle überzähligen Fädchen werden abgeschnitten.
Schließlich kann man noch zwei kleine Löcher machen, an denen der Rahmen aus Zweigen mit der Spinnwebe aufgehängt werden kann.

Drache aus Kastanienschalen

Kastanienschalen; Cocktailspießchen; Kastanienblätter; rote Beeren oder Hagebutten
Man wählt einige Kastanienschalen aus die noch ganz geschlossen sind. Eine Schale darf allerdings etwas offen stehen, sie wird für den Rachen verwendet. Die Schalen werden miteinander verbunden. Auf Abb. 74-3 sehen wir, welche Möglichkeiten noch bestehen, um den Drachen gefährlich aussehen zu lassen.

Brotdrachen (800 g)

ca. 500 Gramm feines Weizenvollkornmehl; 2 3/4 dl lauwarme Milch; 1/2 Esslöffel Hefe; 50 g harte Butter; knapp 1/2 Esslöffel Salz (7 g); eventuell 1 Eigelb
Das Mehl wird in einer Backschüssel vermischt und in der Mitte eine Kuhle gemacht (ein paar Esslöffel zum Kneten zurückbehalten). Die Hefe wird in Milch aufgelöst, diese Mischung in die Mehlkuhle gerührt und daraus, indem immer etwas Mehl mitgerührt wird, ein dünner Teig gemacht. Die Butter wird sehr dünn geschnitten und *auf* den Vorteig gelegt. Darüber wird das Salz gestreut.
Dieser Vorteig muss zugedeckt eine Viertelstunde ruhen, bis sich Blasen gebildet haben. Nun kann das Eigelb darauf gelegt werden. Dann wird alles mit Hilfe einer Gabel zu einem festen, jedoch klebrigen Teig verarbeitet.
Die Hälfte des zurückbehaltenen Mehles wird auf den Tisch gestreut, der Teig aus der Schüssel geholt und darauf gelegt. Mit bemehlten Händen knetet man das Ganze gut durch, bis der Teig

elastisch ist und nicht mehr klebt. Eventuell muss noch etwas mehr Mehl zum Kneten genommen werden. Man sollte nicht zu lange kneten, sonst wird die Butter durch die Wärme der Hände zu weich und der Teig klebt. Nun wird die Teigkugel wieder in die Schüssel gelegt und die Schüssel entweder in eine Plastiktüte geschoben oder mit einem feuchten Tuch zugedeckt. Der Teig muss jetzt gehen, bei Zimmertemperatur ein bis zwei Stunden oder im Kühlschrank drei Stunden oder auch die ganze Nacht, bis er sein Volumen verdoppelt hat. Kalt gegangener Teig lässt sich leichter ausformen.
Zum Ausformen des Drachens kann man der Fantasie freien Lauf lassen. Er wird auf ein Backblech gelegt und muss nun noch einmal sein doppeltes Volumen durch Gehen erreichen (lose zugedeckt mit Plastikfolie, bei Zimmertemperatur). Eigelb und Milch werden zu gleichen Teilen miteinander verrührt und das Brot damit bepinselt.
Backzeit: 10 Minuten bei 250 °C auf der mittleren Schiene und danach noch ca. 15 Minuten bei 200 °C.

Abb. 75-1

St. Martinslaterne

eine Futterrübe, Zuckerrübe oder Steckrübe; scharfes Messer; Löffel; Apfelstecher; Teelichtchen; Eisendraht
Am oberen Rand der Rübe wird eine Scheibe von ungefähr 2 – 3 cm Dicke abgeschnitten. Mit Hilfe des Messers, des Löffels oder des Apfelstechers wird die Knolle ausgehölt. Das geht am besten, indem man mit dem Apfelstecher immer wieder in die Knolle hineinsticht und dann mit dem Löffel die ausgestochenen Stückchen herauslöffelt. Dies wird so lange gemacht, bis die Wände der Knolle noch ungefähr 1/2 – 1 cm dick sind. Der Boden wird eben gemacht, mit einem kleinen Loch in der Mitte für das Teelichtchen.
Nun werden mit einem scharfen Messer vorsichtig Sonne, Mond und Sterne oder St. Martin mit dem Bettler an der Außenseite der Knolle eingeritzt, ohne durch die Wand durchzustechen: Die Formen werden sozusagen abgeschält.
Mit dem Apfelstecher werden in den Deckel drei Luftlöcher gemacht, sonst brennt das Lichtchen nicht. Links und rechts durch Knolle und Deckel wird der Eisendraht gesteckt. Die Drahtschlingen müssen so groß sein, dass der Deckel, um das Lichtchen anzünden zu können, leicht hoch- und runtergeschoben werden kann.
Aus dem Inneren der Rübe kann man eine köstliche St. Martinssuppe kochen.

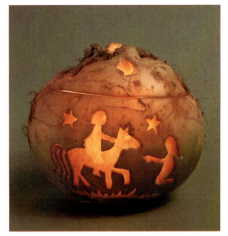

Abb. 75-2 Abb. 75-3

75

16 Transparente

Dicker, einseitig farbiger Karton (170 g); Seidenpapier in verschiedenen Farben; Transparentpapier; Kleister oder Klebestift; eine kleine spitze Schere

Transparente kann man das ganze Jahr basteln. Im Frühling und im Sommer sollte man sich bevorzugt für Transparente entscheiden, die man ans Fenster hängen kann, damit das Tageslicht hindurchscheint. Seidenpapier wird allerdings im Laufe der Zeit verblassen, da es nicht farbecht ist.
In der dunklen Jahreszeit eignen sich eher Transparente, die man hinstellen kann. Man kann dann eine Kerze oder ein Teelicht dahinter stellen.

Zwei Basistechniken

Transparente mit einer Umrahmung aus Karton.
Man kann sie hinstellen oder aufhängen.

Transparente ohne Umrahmung.
Für diese Transparente benötigt man keinen Karton. Die Formen werden aus Seidenpapier geschnitten oder ausgerissen und auf Transparentpapier geklebt. Diese Technik eignet sich vor allem für Fenstertransparente.

Allgemeine Arbeitsweise

Wenn man Transparente macht, empfiehlt es sich, mit weißem Untergrund zu arbeiten. Sehr günstig ist es, wenn man zur Herstellung von Transparenten, die aus verschiedenen Lagen und immer dunkler werdenden Farben bestehen, einen kleinen Glastisch mit Licht darunter hat.

Bei der Wahl der Farben muss man immer die Mischfarben, die sich ergeben, wenn zwei verschiedene Seidenpapiere übereinander liegen, im Auge behalten. Das Ergebnis kann sehr überraschend sein.
Die Konturen der gewünschten Darstellung werden mit einem sehr gut gespitzten Bleistift auf das Seidenpapier vorgezeichnet, denn beim Ausschneiden dürfen die Linien nicht mehr zu sehen sein.
Zum Ausschneiden verwendet man eine kleine, scharfe Schere. Es ist wichtig, sich für diese Arbeit Zeit zu lassen, weil sie kniffliger ist, als man denkt.
Beim Kleben sollte man möglichst wenig Leim verwenden und diesen möglichst dünn verstreichen; Klümpchen sieht man später. Man kann jedoch auch sehr gut einen Klebestift verwenden.

Will man Transparente machen, die ans Fenster gehängt werden, muss man bedenken, dass sich Kondenswasser bilden kann – auch bei Doppelscheiben. In diesem Fall könnte man eine dünne Plastikfolie hinter das Transparent kleben.

Einfache Transparente mit Rahmen

Die einfachen Transparente kann man vor das Fenster hängen. Als Motive dienen z.B. Frühlings- oder Ostermotive. Zunächst nimmt man ein Stück festen Karton und schneidet die Konturen aus. Anschließend klebt man buntes Seidenpapier auf die Rückseite des Kartons.
Auf Abb. 77-2 ist ein sehr einfaches Hasentransparent zu sehen. Die Konturen des Transparents wie auch das Motiv werden aus Karton geschnitten,

anschließend klebt man gelbes Seidenpapier auf die Rückseite des Kartons. Auf Abb. 77-9 sieht man ein etwas komplizierteres Transparent. Außer gelbes wird hier auch orangefarbenes und rotes Seidenpapier verwendet.

Man nimmt ein Stück festen Karton und zeichnet auf die Rückseite die Konturen der Umrahmung und das gewünschte Motiv.
Zunächst schneidet man die äußere Form aus.
Dann schneidet man mit einer scharfen Schere oder einem Messerchen das Bild innerhalb der Kontur aus.
Anschließend nimmt man ein Stück Seidenpapier und klebt es auf die Rückseite der Umrahmung (= die Seite, auf der gezeichnet wurde).
Mit Nadel und festem Garn kann man zum Schluss oben an das Transparent einen Aufhänger nähen.

Einfaches Bleiglas-Transparent

Dieses Transparent hat einen Rahmen aus Karton. Mit dieser Technik bekommt man den Effekt eines Bleiglasfensters (Abb. 77-5).
① Man zeichnet die Darstellung und den Rahmen zunächst auf einem Stück weißen Transparentpapiers vor und überträgt dann die Formen mit Hilfe eines Durchschlagpapiers auf das dicke, blaue Zeichenpapier (oder auf den dünnen blauen Karton). Man kann die Darstellung natürlich auch gleich auf das Zeichenpapier zeichnen.
② Nun werden die Darstellung und der Rahmen des Transparents ausgeschnitten.
③ Nun wird Seidenpapier in der gewünschten Farbe auf die Zeichnung auf dem weißen Transparentpapier gelegt. Die Umrisse der Zeichnung sieht

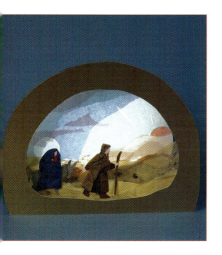
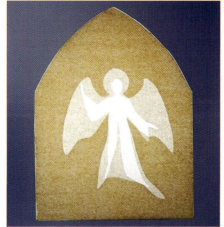

bb. 77-1 bis 9

man durch das Seidenpapier hindurch. Mit dem Bleistift zeichnet man nun die Figuren oder Teile der Figuren, die diese Farbe bekommen sollen, auf dem Seidenpapier nach, und zwar immer so, dass sie etwas größer werden als die vorgegebene Zeichnung.
④ Nun wird die Zeichnung ausgeschnitten und auf die Rückseite des blauen Zeichenpapiers gegen die Öffnung geklebt.
Dabei sollte man so wenig wie möglich Leim verwenden. Man kann den Leim auch mit Hilfe eines Streichholzes auf die Ränder der Zeichnung kleben.
Auf diese Weise wird eine Farbe nach der anderen hinter die Öffnung geklebt. Dadurch, dass zwei Farben übereinander geklebt werden, entstehen immer neue Farbtöne.
Mit zwei kleinen Streifen doppelseitig klebenden Klebebandes wird das Transparent am Fenster befestigt.

Bleiglas-Triptychon; Tischtransparent

Wie beim Bleiglas-Transparent beschrieben, macht man auch ein einfaches Triptychon, das man auf den Tisch, auf ein Schränkchen oder vor das Fenster stellen kann.
Nachdem man den Rahmen ausgeschnitten hat, werden mit der stumpfen Seite des Messers die Rillen geritzt, damit der Karton nicht bricht.
Natürlich kann man auch an Stelle von einer Lage in einer bestimmten Farbe zwei Lagen machen.
Wenn das Transparent fertig ist, werden die Seitenflügel leicht nach hinten gefaltet und man stellt ein Teelicht dahinter.

Rahmen-Triptychon als Tischtransparent

Anstelle des Bleiglas-Effektes kann man ein großes «Fenster» in den Rahmen schneiden, das den größten Teil des Triptychons einnimmt.
Man kann sich entscheiden, wie die Darstellung innerhalb des Rahmens aussehen soll.
1. Beim Transparent von Abb. 77-4 wird die Silhouette des Jungen aus dem Karton geschnitten. Mit Seidenpapier wurde der Hintergrund farblich abgestimmt.

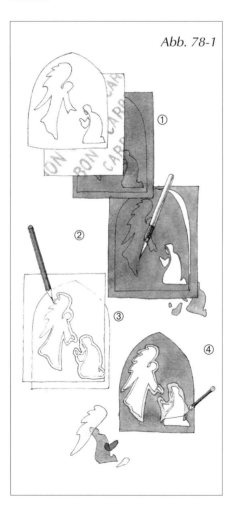

Abb. 78-1

2. Auf Abb. 77-7 wurden zunächst Maria, Josef und der Esel ausgeschnitten und anschließend mit Seidenpapier beklebt.

Mit Schere oder Messer wird zunächst die äußere Form ausgeschnitten und mit der stumpfen Seite des Messers die Rille geritzt, in der die Seitenteile nachher umgebogen werden sollen. Dann schneidet man die Innenseite aus.
Nun werden die Öffnungen auf weißes Transparentpapier nachgezeichnet. Dann werden aus Seidenpapier die Formen ausgerissen, die man als Hintergrund haben möchte, und Farblage für Farblage auf das weiße Transparentpapier geklebt. Anschließend schneidet man die einzelnen Teile aus (+ 1 cm Zugabe) und klebt sie so hinter die jeweiligen Öffnungen, dass das bunte Seidenpapier an der Vorderseite zu sehen ist.

Transparent ohne Umrahmung

Zunächst skizziert man die Darstellung in gewünschter Größe auf weißem Transparentpapier, das man dazu am besten auf einen Lichtkasten legt oder mit Klebeband an der Fensterscheibe befestigt.
Das Transparent auf Abb. 77-3 wurde mit Hilfe der Reißtechnik gemacht. Wenn man es schwierig findet, ohne Vorlage Formen zu reißen, kann man auf einem zweiten Stück Transparentpapier die gewünschten Darstellungen skizzieren und dieses Blatt unter das erste Transparentpapier kleben.
Beim Bekleben kann man sich an die vorhandenen Farben des Seidenpapiers halten, es ist jedoch viel spannender, wenn man versucht, Farben selber

zusammenzustellen, indem man mehrere Lagen Seidenpapier übereinander klebt.
Man reißt ein willkürlich geformtes Stück Seidenpapier aus und schaut, wie es in das Transparent passt. So kann man weiterarbeiten, nur bei speziellen Gegenständen wie beispielsweise dem Schwert, muss beim Ausreißen auf eine exakte Form geachtet werden. Im Übrigen lässt diese Reißtechnik viel Freiheit, vor allem, weil die Formen nicht genau sein müssen.

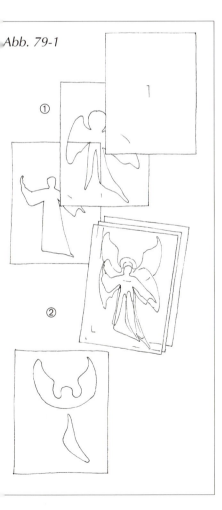

Abb. 79-1

Transparent nach der Aussparmethode

Die hier angewandte Technik, bei der ausschließlich Seidenpapier verwendet wird, lässt die Farben sehr schön zur Geltung kommen und bietet die Möglichkeit zu unzähligen Variationen. Der Engel auf Abb. 77-8 besteht aus zwei Lagen gelbem Seidenpapier und einer Lage weißem Seidenpapier als Abdeckung.
Bei dieser Methode muss man sich vorher entscheiden, welches Detail man aussparen möchte (Abb. 79-1). Zunächst skizziert man die vollständige Darstellung auf weißem Transparentpapier.
① Danach wird für jede Lage Seidenpapier die entsprechende Detailzeichnung auf das Transparent gemacht. Der gelbe Engel besteht also aus den beiden oberen Figuren von Abb. 79-1.
Das erste Blatt gelbes Seidenpapier legt man auf die erste Zeichnung, zieht die Konturen mit dem spitzen Bleistift nach und schneidet die Figur aus.
② Dieses ausgeschnittene Seidenpapier legt man nun auf die zweite Zeichnung und schiebt es so lange hin und her, bis die beiden Zeichnungen gut aufeinander passen. Dann legt man das zweite Blatt Seidenpapier genau auf das erste, zieht die zweite Zeichnung mit dem Bleistift nach und schneidet es aus. Die beiden gelben Blättchen werden nur an einigen wenigen Punkten zusammengeklebt, ebenso das weiße. Schließlich werden noch die herunterhängenden Spitzen des Engels mit wenig Leim festgeklebt.

Variation:
Der blaue Engel von Abb. 77-9 hat eine Lage mehr als der gelbe: Dieses Transparent besteht aus zwei Lagen hellblauem und einer Lage rosarotem oder lila Seidenpapier. Die Arbeitsweise ist dieselbe.

Beim Aufeinanderkleben müssen die ausgeschnittenen Figuren genau aufeinander passen, der Rand kann später abgeschnitten werden.

Abb. 79-2

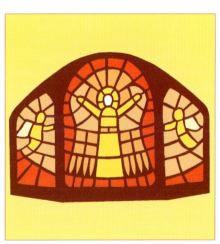

79

17 Kerzen

Besonders in der dunklen Jahreszeit werden oft Kerzen angezündet. Da sie aber etwas Festliches an sich haben, kann man sie ruhig während des ganzen Jahres verwenden. Für die Verzierung kann man sich entweder für ein Fest- oder ein Jahreszeitmotiv entscheiden.

Kerzen ziehen

*Bienenwachs oder Stearinreste – oder Reste von Wachskerzen
einen dicken baumwollenen Faden für den Docht
eine schmale hohe Büchse
ein Töpfchen für heißes Wasser
ein Rechaud oder Teelicht*
Kerzenziehen ist eine Arbeit, die viel Geduld verlangt.
Man lässt das Wachs in der schmalen hohen Büchse im Töpfchen mit kochendem Wasser auf der Gasflamme schmelzen. Die Höhe der Büchse bestimmt gleichzeitig auch die maximale Länge der Kerzen. Nun legt man Zeitungspapier auf den Tisch, damit verspritztes Kerzenwachs die Möbel nicht verschmutzt, und stellt die Büchse im Töpfchen mit kochendem Wasser auf das Rechaud oder Teestövchen. Von Zeit zu Zeit muss Wasser nachgefüllt werden, damit nicht zu viel verdampft. Weil das Schmelzen des Wachses ziemlich lange dauert und das geschmolzene Wachs wieder langsam abkühlt, ist es gut, wenn man eine zweite Büchse mit geschmolzenem Wachs auf dem Gas in Reserve hat.

Jetzt schneidet man ein Stück von dem baumwollenen Faden ab und stippt ihn kurz in das heiße Wachs. Man muss darauf achten, dass der Faden lang genug ist, damit die Kinder mit ihren Fingern nicht in das heiße geschmolzene Wachs geraten. Vor allem muss der Faden am Anfang mit zwei Händen gut straff gezogen werden, damit die Kerze schön gerade wird. Nun lässt man das Wachs, das daran kleben geblieben ist, ein wenig abkühlen, bevor man den Docht wieder eintunkt; so kommt eine Lage über die andere. Am unteren Ende der Kerze entsteht ein immer größer werdender «Tropfen» Wachs, den man von Zeit zu Zeit mit einem Messer abschneiden muss.
Ist die Kerze fertig, lässt man sie gut abkühlen und hart werden. Das kann einige Stunden dauern, und deshalb ist es gut, wenn man die Kerze am Docht aufhängt, damit sie nicht beschädigt wird.

Wasser und Wachs sind sehr heiß! Deshalb sollten kleine Kinder diese Arbeit nur in Anwesenheit von Erwachsenen tun dürfen.

Kerzen verzieren

*eine dicke Kerze
Stockmar-Bienenwachsfolie in verschiedenen Farben
eine dicke Stricknadel oder ein Spatel
feines Sandpapier*
Wie auf Seite 81 zu sehen ist, können Kerzen mit Hilfe verschiedener Techniken verziert werden. In jedem Fall muss das Wachs zunächst weich und knetbar gemacht werden. Hierfür werden kleine Stückchen Wachs in der warmen Hand mit den Fingern gut durchgeknetet, bis sie warm und weich geworden sind.
Die einfachste Methode, Kerzen zu verzieren ist die, dass man kleine Wachsstückchen auf die Kerze klebt und dann die gewünschten Formen plastiziert. Spatel oder Stricknadel können gute Hilfsmittel sein, um Details herauszuformen. Neue Farben kann man dadurch gewinnen, dass vorhandene Farben gut miteinander verknetet werden (rot und gelb geben beispielsweise orange).
Man muss schauen, dass das farbige Wachs gut warm ist, wenn man es auf die Kerze drückt, denn sonst hält es nicht und fällt später wieder ab.
Sehr dünne Streifen Schmuckwachs schneidet man am besten mit einem scharfen Messerchen ab. Ist das Wachs transparent, kann man mehrere Schichten oder Farben übereinander anbringen.

Abb. 80-1

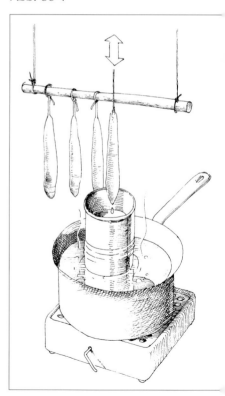

Abb. 81-1 bis 6

Kerzen verzieren nach der Ausstreichmethode

eine dicke Kerze (beige oder weiß)
ein kleines Stück feines Sandpapier
Stockmar-Bienenwachsfolie in verschiedenen Farben
eine dicke Stricknadel oder einen Spatel

Da, wo das farbige Wachs auf der Kerze ausgestrichen werden soll, macht man mit dem feinen Sandpapier vorsichtig den Untergrund ein wenig rau. Jetzt wird ein Stückchen helles Bienenwachs zwischen den Fingern angewärmt. Ein wenig von dem Wachs wird nun auf die Kerze gedrückt und mit den Fingern so dünn wie möglich ausgestrichen, so dass ein Aquarelleffekt entsteht. Jetzt wird die etwas dunklere Farbe über die helle gestrichen. Mit einer Stricknadel oder dem Spatel werden einzelne Details herausgearbeitet. Wenn man mit der Stricknadel ins Wachs kratzt oder dieses etwas schiebt, kann man Reliefs herausarbeiten.

Die Stockmar-Farben Schwarz, Weiß, Gold und Silber sind nicht transparent und werden deshalb bei dieser Methode wenig verwendet. Diese Aquarelltechnik erfordert einige Übung, ergibt aber auf der Kerze einen guten Effekt.

Abb. 82-1

Kerzenhalter aus Ton

Plastizierton; eine Kerze; Wasserfarbe und Pinsel; durchsichtiger Firnis; Tannenzweige

Das Plastizieren eines Kerzenhalters ist in der Adventszeit eine schöne Beschäftigung. Solch ein Kerzenhalter kann sehr unterschiedlich aussehen: Er kann die ganz übliche Form eines Kerzenhalters haben oder geometrisch geformt sein, beispielsweise wie ein Kubus aussehen, oder er kann die Gestalt eines Engels haben, der zwischen seinen Flügeln die Kerze trägt usw. Es ist sinnvoll, eine Auffangschale für das eventuell rinnende Kerzenwachs zu machen, denn sonst fließt es auf den Tisch oder die Tischdecke. Der Kerzenhalter sollte aus einem Stück gemacht werden, so dass keine Tonstückchen «angeklebt» werden müssen (beispielsweise die Arme des Engels). Diese angeklebten Stücke könnten, sobald der Kerzenhalter getrocknet ist, wieder abfallen. Das Loch für die Kerze sollte gleich für eine bestimmte Kerzendicke ausgeformt werden, man nimmt die Kerze jedoch während des Trocknens des Tones wieder heraus, denn es ist möglich, dass der Ton beim Trocknen schrumpft und Risse bekommt.

Man kann, solange der Ton noch weich ist, den Kerzenhalter eventuell mit Tannengrün oder Stechpalmenzweigchen, mit vergoldeten Eicheln usw. schmücken, die man in den Ton steckt. So kann man ein richtiges kleines Weihnachtsgebinde machen. Man muss allerdings gut darauf achten, dass die Zweige nicht zu nahe an der Kerzenflamme sind.

Jetzt muss der Kerzenhalter gut trocken werden, und dann kann man ihn eventuell noch mit Wasserfarben anmalen. Ist die Wasserfarbe trocken, kann der Kerzenhalter auch noch mit Firnis versehen werden. (Siehe auch Abb. 75-3).

18 Adventskalender

Die Adventszeit beginnt mit dem vierten Sonntag vor Weihnachten und dauert bis Weihnachten. Fällt der Heilige Abend auf einen Samstag, so ist der erste Adventssonntag bereits im November, und die Adventszeit dauert dann beinahe fünf Wochen. Fällt der Heilige Abend jedoch auf einen Montag, so liegt der erste Adventssonntag am Anfang des Dezember, und die Adventszeit dauert dann nur etwas mehr als drei Wochen. Deshalb muss man, bevor man einen Adventskalender macht, zunächst die Tage zählen, die in der Adventszeit liegen.

Es gibt viele Arten von Adventskalendern. Die bekanntesten sind diejenigen, bei denen die Kinder jeden Tag während der Adventszeit ein Fensterchen öffnen können. Es ist wichtig, dass der Adventskalender Gelegenheit bietet, die Kinder Schritt für Schritt auf Weihnachten vorzubereiten. Dies geschieht nicht nur dadurch, dass man sieht (oder zählt), dass immer weniger Fensterchen aufgemacht werden müssen, sondern beispielsweise auch dadurch, dass man sehen kann, dass ein Engel auf einer Adventsleiter sich immer mehr der Erde nähert, weil er das Christkind herunterbringt. Advent ist das Fest der Erwartung. Da blau die Farbe der Erwartung ist, ist sie für die Adventszeit besonders geeignet.

Eine Adventsleiter

ein Stück blaue Pappe von ca. 25 x 35 cm; zwei Holzleisten von ca. 7 x 7 mm und 31 cm Länge, Goldpappe; Goldpapier für Sterne; ein kleines Stück knetbares rosarotes Bienenwachs;

eine halbe Walnussschale; ein wenig ausgezupfte Schafwolle; Hobbyleim

Von der blauen Pappe werden die oberen Ecken abgeschnitten. Jetzt werden die Holzleisten etwas aufgeraut und in die Mitte des Kartons geklebt, etwa einen Zentimeter vom unteren Rand entfernt. Der Abstand voneinander sollte 6 cm betragen.

Jetzt schneidet man von der Goldpappe zwei lange Pfosten von 1 cm Breite und 31 cm Länge ab und so viele Leitersprossen (0,4 x 7 cm), wie die Adventszeit Tage hat, einschließlich dem ersten Adventssonntag und dem Heiligen Abend.

Jetzt können die Leitersprossen festgeklebt werden. Dabei ist es sinnvoll, wenn man kleine Markierungen mit Bleistift auf den Leisten aufträgt, um dafür zu sorgen, dass die Leitersprossen gerade werden. Der Abstand zwischen zwei Sprossen beträgt 13 mm, und man klebt sie am besten von oben nach unten, genauso, wie das Himmelskind seinen Weg zur Erde hin macht. Wenn alle Sprossen gut festgeklebt sind, werden die beiden «Pfosten» aus Goldpappe über die Holzleisten geklebt und oben abgeschrägt. Sie sollten an jedem Ende etwas über die Holzleisten hinausragen, so dass man sie über die Holzenden kleben kann, es sieht dann schöner aus.

Nun wird aus Bienenwachs ein kleines Himmelskind geknetet, und dieses wird zwischen die Pfosten gesetzt. Es ist ratsam, keine losen Beinchen zu machen. Die Walnussschale, mit etwas Schafwolle darin, wird als Krippe unten an die Leiter gestellt.

Nun schneidet man aus dem Goldpapier so viele kleine Sternchen, wie es Adventstage gibt. Die Kinder können dann jeden Tag einen Stern auf den blauen Himmel hinter der Leiter kleben, während das Christkind jeden Tag eine Leitersprosse weiter herunterkommt. An Weihnachten liegt es in der Krippe und hat über sich einen reichen Sternenhimmel.

Sternenband

130 cm dunkelblaues Band von 2 cm Breite; Silber- und Goldpappe; Strohhalme; dünner Goldfaden; Hobbyleim

Man macht aus dem Band und einer Anzahl von Sternen eine Art von Sternentreppe, über die ein Engel zur Erde herabkommen kann. Jeder Adventssonntag wird durch einen Strohstern bezeichnet und die sechs dazwischen liegenden Tage durch silberne Sterne. Man fängt mit dem ersten Strohstern an. Es kann passieren, dass nach dem vierten Adventssonntag noch ein oder zwei Tage kommen, deswegen ist es gut, wenn man dafür noch extra Sterne aus Silberpappe macht.

Auf S. 92 wird ausführlich beschrieben, wie Strohsterne hergestellt werden. Auf S. 115 findet man ein Fünfsternmodell.

Zunächst werden die Strohsterne und die Sterne aus Silberpappe neben das Band gelegt, damit man sicher ist, dass die Abstände zwischen den Sternen ungefähr gleich groß sind. Danach werden alle Sterne mit Hobbyleim auf das Band geklebt, wobei der Leim nur in die Mitte der Sterne kommt, damit die Spitzen nicht festkleben.

Nun wird ein kleiner Engel aus Goldpappe ausgeschnitten, der, am ersten Adventssonntag beginnend, Schritt für Schritt herunterkommt. Dadurch, dass die Sterne mit ihren Spitzen nicht festgeklebt werden, kann man den Engel leicht hinter den jeweilig nächsten Stern schieben.

Wenn man will, kann man das Band über den Stall hängen, in dem an Weihnachten das Kind geboren wird, oder eine Krippe aus Goldpappe unter das Band stellen.

Adventskette aus Walnüssen

so viele Walnüsse, wie die Adventszeit Tage hat; Goldfarbe; 3 – 4 m rotes Band, 2 cm breit; kleine Sachen, die man in die Walnüsse hineintun kann Hobbyleim

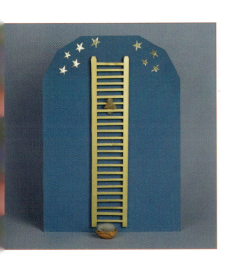

Abb. 83-1

Abb. 83-2

Die Walnüsse werden vorsichtig geöffnet, so dass die Schalen ganz bleiben, und wir nehmen den Inhalt heraus. Man muss vor allem darauf achten, dass die zusammengehörigen Hälften nicht verwechselt werden. Jetzt werden die Nüsse außen vergoldet und beiseite gelegt, damit sie trocknen können. Nun wird in die eine Nussschale eines der kleinen Sächelchen getan.

Beispiele: Ein Glöckchen, ein Zwerglein, eine kleine Muschel, ein Schäfchen, ein Häschen aus gezupfter Schafwolle, ein Stein, eine Kugel Knetwachs, eine Murmel, ein Stern aus Goldfolie, eine kleine getrocknete Blume, eine Perle usw.

Nun werden die Ränder der beiden Hälften mit Leim bestrichen und so aufeinander geklebt, dass das Band zwischen ihnen hindurchläuft.
An jedem Tag der Adventszeit darf eine der Nüsse abgeschnitten und geöffnet werden.

Sternenhimmel als Adventskalender

ein großes Stück dunkelblaues Papier oder Pappe; Goldpapier für die Sterne; Hobbyleim; eine Schere
Die Ecken des blauen Kartons werden abgeschrägt und etwas gerundet, um so den Eindruck eines «Himmelsgewölbes» zu erwecken. Der Karton wird an einen geeigneten Platz gestellt oder an der Wand befestigt. Wenn bereits eine angefangene Landschaft für eine Weihnachtskrippe vorhanden ist, kann man den Karton dahinter stellen. Das Kind darf jeden Tag ein kleines Sternchen auf den Karton kleben. Man kann es auch sehr gut so handhaben, dass alle Kinder der Familie jeden Tag ein Sternchen festkleben dürfen. Auf diese Weise entsteht ein prächtiger Sternhimmel als Hintergrund für die Weihnachtskrippe.
Größere Kinder können die Sterne selber ausschneiden, für die Kleineren müssen es die Erwachsenen machen.

Abb. 84-1

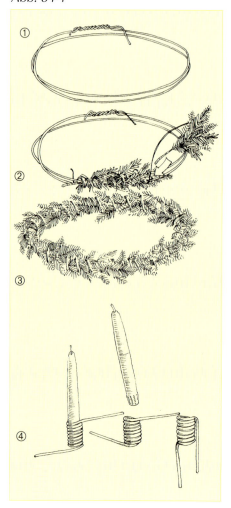

19 Kränze

Adventskranz (Abb. 85-1)

dicker Eisendraht (2,1 mm) für den Reifen; dünner Eisendraht (0,9 mm) für die Kerzenhalter; Tannengrün; dünner Bindedraht; vier Kerzen; blaues Band
① Man nimmt ein Stück dicken Eisendraht, es muss lang genug sein, damit es zweimal den Reifenumfang ergibt, und biegt daraus eine schöne runde Form. Die Enden wickelt man gut umeinander. ② Nun wird der Adventskranz gebunden. Hierfür wird zunächst eine Basis aus etwas größeren Zweigen gemacht (etwa 20 – 25 cm Länge), und diese bindet man «dachziegelartig» auf den Reifen: Der erste Zweig wird am untersten Ende des Reifens (mit dem dünnen Bindedraht) festgebunden, und unter das dünner werdende Ende des vorigen Zweiges wird jeweils ein neuer Zweig geschoben. So wird der Adventskranz regelmäßig dicker.
③ Nach der ersten Runde sollte man nicht zu große Zweige nehmen, denn sie sind wenig biegsam und lassen sich nicht so leicht bearbeiten und befestigen. Für die letzte Runde nimmt man am besten schöne kurze Zweige, um mit ihnen eventuelle Unebenheiten ausgleichen zu können. ④ Für die Kerzenhalter nimmt man ein Stück von dem dünnen Eisendraht und wickelt ihn um das untere Ende einer Kerze herum. Danach werden die beiden Enden nach unten gebogen. Die vier Kerzenhalter werden in den Kranz gesteckt, und zwar nicht zu tief ins Grün hinein, damit sie noch etwas herausschauen. Die Enden des Eisendrahtes werden nach der unteren Seite des Kranzes umgebogen. Das blaue Band wird genau in der Mitte durchgeschnitten, und beide Bänder werden

…nun genau in die Mitte jeweils zweier Kerzen geknotet.
Der Adventskranz wird an den Bändern aufgehängt. Wenn der Kranz liegen soll, kann man ihn auch mit dem blauen Band umwickeln.

Tannenzapfenkränzchen

sieben gleich große Tannenzapfen; Bindedraht; ein Stück Band; eine kleine Zange

① Die sieben Tannenzapfen müssen gut trocken sein, damit sie schön geöffnet sind. Man legt die Tannenzapfen in einen Kreis und misst dann den Draht ab; er muss ungefähr den zweieinhalbfachen Umfang des Tannenzapfenkreises haben. ② Nun wird der Draht zunächst doppelt gelegt. ③ Dann wird die Öse hergestellt, an der nachher der Kranz aufgehängt werden kann. Dies geschieht so, dass man am Falz eine kleine Schlinge macht und die beiden Enden des Drahtes kräftig umeinander wickelt. Das Stück gewickelten Drahtes, das zwischen der Öse und der Stelle ist, in der der erste Tannenzapfen befestigt wird, soll ungefähr 1 cm betragen. ④ Nun wird der Draht zwischen die Schuppen des ersten Tannenzapfens um das untere Viertel geschoben und einige Male herumgewickelt, dadurch wird der Tannenzapfen fest mit dem Draht verbunden. ⑤ Die anderen Zapfen werden auf die gleiche Art befestigt. Beim Verdrehen des Drahtes muss man darauf achten, dass die Tannenzapfen nicht zu nah beieinander sind, sonst kann der Draht nicht zum Kranz gebogen werden.
Sind alle sieben Tannenzapfen befestigt, wird das Ganze zum Kranz gebogen. Die Enden des Eisendrahtes werden einige Male unter der Aufhängeöse umeinander gedreht, der Rest abgeschnitten. Dann zieht man eine Schnur oder ein Band durch die Öse und befestigt evtl. noch ein grünes Zweigchen daran.

Einfacher Türkranz

eine Rolle Bindedraht; Tannengrün; Koniferengrün; dünner Eisendraht (1,5 mm); verschiedene Sorten von Zweigen als Verzierung: Stechpalmen, Koniferenzweige, Blautannenzweige, Efeu, Beeren, Tannen- oder Lerchenzapfen, isländisches Moos usw. farbiges Band

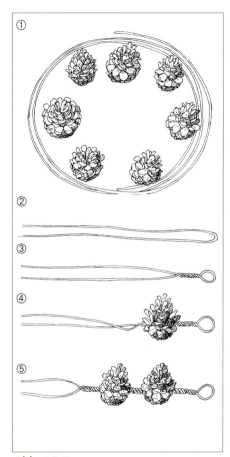

Abb. 85-3

Abb. 85-1

Abb. 85-2

Abb. 85-4

85

Aus dem Eisendraht wird ein Kreis von ungefähr 25 cm Durchmesser geformt: Die Enden werden fest miteinander verbunden (siehe Abb. 84-1 ①). Damit der runde Rahmen schön stabil wird, bindet man zunächst größere Tannenzweige (20 – 25 cm Länge) fest, genau wie beim Adventskranz. Man darf mit den Zweigen nicht sparen, und der Draht muss kräftig angezogen werden. Es sollten keine Zweige herausragen. Wenn der Untergrund mit Tannenzweigen fertig ist, bindet man die zweite Lage mit Koniferenzweigen, bis der Kranz rundherum gleichmäßig aufgebaut ist.

Jetzt kann der Kranz verziert werden, der Draht bietet dafür gute Möglichkeiten, und die eventuell noch sichtbaren Drahtbindungen können mit den Verzierungen gut verdeckt werden. Die Zierzweige dürfen nicht zu lang sein und sollten schön gleichmäßig über den ganzen Kranz verteilt werden. Man kann auch versuchen, sie «dachziegelartig» in den Kranz zu stecken, und dabei beispielsweise auf die Farbschattierungen achten.

Schließlich werden die Tannenzapfen, Lerchenzapfen, die kleinen Beeren und das isländische Moos verarbeitet. Tannenzapfen und Lerchenzapfen werden mit einem Stückchen Draht von 15 cm Länge versehen. Der Draht wird fest angezogen und umeinander gewickelt (eventuell mit einer kleinen Zange). Auch das isländische Moos kann auf diese Weise mit Draht versehen werden. Mit dem Draht können alle diese Dinge nun auf dem Kranz befestigt werden. Schließlich hängt man den Kranz an einem bunten Band, z.B. an der Haustür, auf.

20 Kleine Laternen

Einfaches Laternchen

ein Blatt dünnes Zeichenpapier; Wasserfarbe und Pinsel; Salatöl; Hobbyleim; ein weites Marmeladen- oder ein Gurkenglas; ein Kerzchen; ein Holzbrett

Dieses Laternchen besteht aus einer losen Papiermanschette, die über das Marmeladenglas geschoben wird (Abb. 86-1 ①). Das Papier wird nass gemacht und mit einem Schwamm auf einem Brett glatt gestrichen. Dann wird das nasse Papier mit Wasserfarbe bemalt. Es geht nicht so sehr darum, dass bestimmte Einzelheiten gemalt werden, sondern um eine Stimmung, die durch die Farben ausgedrückt werden kann.

Dann wird das getrocknete Papier auf die richtige Größe zugeschnitten, und zwar so, dass es über den oberen Rand des Glases hinausragt (maximal 1 cm) und ungefähr 2 cm länger ist als der Umfang des Glases. Danach wird das Papier vorsichtig auf beiden Seiten mit etwas Salatöl eingeölt (nicht zu viel nehmen). Mit dem Hobbyleim werden die beiden Ränder so aufeinander geklebt, dass ein Zylinder entsteht, der sich leicht über das Glas schieben lässt (Abb. 86-1 ①).

Nun wird ein Teelicht oder ein kleines Christbaumkerzchen in das Glas gestellt (es hängt davon ab, wie groß das Glas ist), und die kleine Laterne ist fertig.

Variation:
Anstelle des Glases kann man eine runde Camembertschachtel nehmen. Der meist etwas hohe Rand der Käseschachtel wird bis zur Hälfte abgeschnitten und der Deckel ausgeschnitten. Jetzt werden die Ränder der Schachtel und des Deckels ebenso wie die Innenseite des bemalten Papieres (oben und unten) mit Hobbyleim bestrichen und kurz an der Luft getrocknet. Nun wird das Papier erst oben und dann unten an der Käseschachtel festgeklebt und danach die vertikale Naht des Papieres zugeklebt (Abb. 86-1 ②).

Nun wickelt man um den Fuß einer Christbaumkerze einen Streifen Alufolie einige Male herum, die an der Unterseite eingeschnitten wird. Diese Strahlen werden nach außen gefaltet und mit Hobbyleim auf dem Boden des Laternchens festgeklebt.

Abb. 86-1

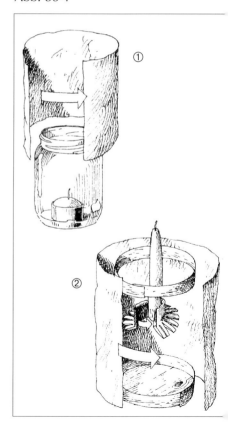

Glaslaterne

*ein großes leeres Gurkenglas (2 Liter);
Seidenpapier in verschiedenen Farben;
ein Stück Goldkarton; ein alter Lappen;
Tapezierkleister; ein scharfes Messer
oder eine Nadel*

Das Glas wird rundherum mit Kleister bepinselt und mit einer Lage weißen Seidenpapiers beklebt; es braucht nicht überall glatt anzuliegen. Dieses weiße Seidenpapier ist die Basis für das Transparent.
Als Vorbild kann man die Laterne von Abbildung 87-1 nehmen. Die Darstellung kann man eventuell zunächst auf einem Stück Papier skizzieren. Dabei sollten die Figuren nicht zu klein sein. Die Gewänder werden aus dem Seidenpapier ausgeschnitten oder gerissen. Die Figuren klebt man glatt auf das weiße Seidenpapier. Die Könige von Seite 87-1 können eine goldene Krone auf den Kopf und eventuell einen goldenen Stab in die Hand bekommen. Für den Himmel nimmt man blaues Seidenpapier. Den Sternenhimmel macht man, indem man mit einem scharfen Messer oder mit einer großen Nadel hier und dort Sterne aus dem Seidenpapier herauskratzt.
Für das große Glas braucht man natürlich auch eine größere Kerze, denn ein Teelicht wäre zu klein und würde zu wenig Licht geben.

Fünfstern-Laterne

dünnes, jedoch stabiles Zeichenpapier; ein Winkelmesser; ein Lineal; ein Messer; ein Teelicht; ein Klebestift

Für diese Laterne braucht man elf Fünfecke. Eine günstige Länge für die Seiten ist 6 cm. Für die Konstruktion (siehe S. 114 und 115) wird der Radius des Zirkels ungefähr 5 cm sein.
① Nun wird die Mitte der Seiten aller Fünfecke bestimmt. Diese Punkte werden miteinander durch Linien verbunden, die man vorsichtig mit dem Messer ritzt. ② Die so entstandenen Ecken werden umgefaltet, wodurch ein kleineres Fünfeck entsteht. Bevor man die Fünfecke zeichnet und ausschneidet, kann man sie mit Wasserfarbe bemalen.
③ Nun werden die Fünfecke so aneinander geklebt, dass stets die umgefalteten Ecken das angrenzende Fünfeck überlappen. Es ist am besten, zunächst die untere Hälfte mit dem Boden zu machen und dann die obere Hälfte so darauf zu setzen, dass die Fünfecke mit den Spitzen nach unten an die untere Hälfte geklebt werden. Die Ecken am oberen Rand werden nach unten geklebt; genauso kann man mit dem unteren Rand verfahren, wenn man keinen Boden machen möchte; ohne Boden kann man eine Kerze oder ein Teelicht leichter hineinstellen.

Wird die Kerze angezündet, so wird in jedem Fünfeck ein Fünfstern sichtbar (Abb. 87-2).

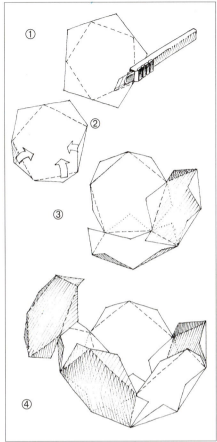

Abb. 87-3

Abb. 87-1

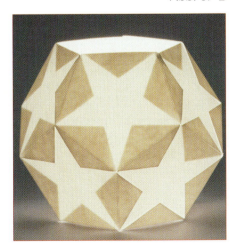

Abb. 87-2

87

Laterne in Form eines Pentagondodekaeders

kräftiges Zeichenpapier; ein Winkelmesser; ein Lineal; ein Messer; ein Klebestift

Äußerlich ähnelt diese Laterne der Fünfstern-Laterne, aber weil hier kein Fünfstern leuchten wird, ist der Ausgangspunkt ein kleineres Fünfeck mit einer Seitenlänge von ca. 4,8 cm; für die Konstruktion (siehe S. 114) wird der Zirkel mit einem Radius von ungefähr 4 cm eingestellt.
Auf Abb. 88-2 ① kann man sehen, wie die Fünfecke oben und unten zusammengeklebt werden. Eine Arbeitsanleitung in 60 % der Originalgröße findet sich auf Abb. 109-3.
① Die Kleberänder werden nach innen gefaltet und gegeneinander geklebt. Auf diese Weise sind sie unsichtbar, wenn das Licht durchscheint.
② Ebenso wird die obere Hälfte auf die untere Hälfte geklebt.
Auch bei dieser Laterne kann das Papier eventuell bemalt werden, bevor es zu Fünfecken aufgezeichnet und ausgeschnitten wird. Das fertige Laternchen kann auch mit Seidenpapier beklebt werden (siehe Abb. 88-1). Wenn man möchte, kann auch hier wie bei der Fünfstern-Laterne der Boden weggelassen werden.

Abb. 88-1

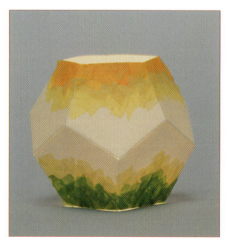

Abb. 88-2

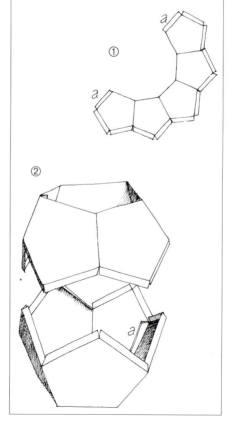

21 Engel

Engel aus Wolle

ca. 45 cm Kammband (gewaschene und kardierte Schafwolle); dünner Gold- oder Silberfaden

Beim Arbeiten mit Kammband muss bedacht werden, dass die Wolle niemals geschnitten, sondern nur auseinander gezogen wird (Abb. 89-1).
① Der Strang wird in zwei gleiche Teile geteilt; nur die eine Hälfte wird benötigt. ② Von diesem einen Teil wird ein Drittel für Arme und Flügel genommen.
③ Nun wird in der Mitte des dicken Stranges (Zweidrittelteil) ein Knoten gemacht und dieser fest angezogen. Dieser Knoten wird das Gesicht.
④ Nun wird der Strang senkrecht gehalten und der Teil, der über dem Kopf ist, nach unten gelegt.
⑤ Diese Wolle wird für die Haare um den Kopf drapiert und im Nacken mit einem langen Goldfaden festgeknotet. Die Enden des Goldfadens werden zusammengeknotet, so hat man die Aufhängeschlaufe.
⑥ Nun wird der Engel auf den Bauch gelegt, und das Büschel Wolle, das

Abb. 88-3

erade für die Haare um den Kopf nach unten gelegt wurde, wird in drei gleiche Teile geteilt; der mittlere Teil wird nach oben über den Kopf gelegt und die zwei anderen Teile nach rechts und links, sie werden nachher zu Flügeln.
⑤ Nun wird vom dünnen Strang ein Stückchen Wolle von ca. 15 cm Länge gezupft. In der Mitte wird sie kräftig gedreht, doppelt gelegt, und mit dem Goldfaden bindet man ein Händchen ab. Das Büschel, das die Arme bildet, wird nicht abgeschnitten. Der andere Arm wird auf gleiche Art und Weise gemacht.
⑥ Nun werden die Arme hinter den Nacken des Engels gelegt, und das Büschel Wolle, das über den Kopf gelegt wurde, legt man nun über die Arme nach unten. ⑨ Der Engel wird umgedreht, Arme und Flügel werden gut nach oben geschoben, und unter den Armen wird, sozusagen als Leib, ein Goldfaden kräftig rundum gewickelt. Die Enden kann man als Gürtel hängen lassen.
⑩ Schließlich werden die Flügel und das Gewand gezupft, indem man die Wolle mit einer Hand festhält und mit der anderen vorsichtig zieht.

Engelmobile

weißes Seidenpapier; Kammband (gewaschene und kardierte Schafwolle) Goldfaden; weißes Garn; Silberdraht; eine Walnusshälfte; weißes Bienenwachs; Hobbyleim; eine Schere; eine Drahtzange

Das Seidenpapier wird in zwei Quadrate von 18 x 18 cm geschnitten. Das eine Quadrat wird mit der glänzenden Seite und der einen Spitze nach unten auf den Tisch gelegt (Abb. 89-2).
① Linke und rechte Spitze werden ungefähr 2,5 cm nach innen gefaltet.

② Ein kleines Büschel Wolle wird in die Mitte aufs Papier gelegt. ③ Nun wird das Papier über die zu einer kleinen Kugel gedrehten Wolle gefaltet, so dass die zwei übrig gebliebenen Spitzen sich berühren.
④ Nachdem das Köpfchen gut ausmodelliert ist, wird es mit dem weißen Faden abgebunden.
⑤ Aus den beiden Spitzen des Papiers werden Händchen geformt und mit dem weißen Faden abgebunden. Nun wird dem Engel die richtige Form gegeben, indem man ihn oben rund macht, so dass es aussieht, als ob er wirklich schwebt. An jedem Händchen wird ein Goldfaden von ungefähr 20 cm Länge befestigt, und am Ende der beiden Fäden wird ein Knoten gemacht; dieser wird am Rand der Walnussschale mit Leim befestigt. Auf dieselbe Weise wird nun ein zweiter Engel hergestellt, und die Goldfäden dieses Engels werden an der anderen Seite am Rand

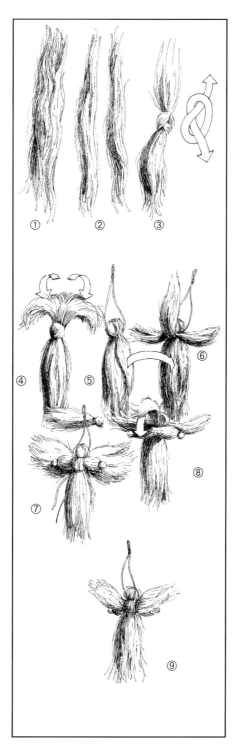

Abb. 89-1

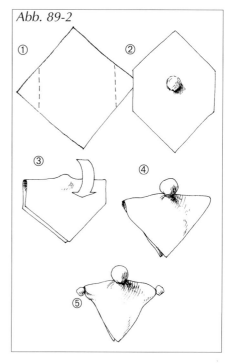

der Walnussschale befestigt. Nun wird von dem Silberdraht ein 17 cm langes Stück abgeschnitten, leicht gebogen und an beiden Enden mit Hilfe der Zange zu einer Öse geformt. Um den Hals der beiden Engel wird ein Goldfaden von ungefähr 17 cm Länge gebunden (dies ist für das Gleichgewicht des Mobiles wichtig), und diese Enden werden in den Ösen des Drahtes befestigt. In der Mitte des Drahtes wird ebenfalls ein Goldfaden von 17 cm Länge befestigt, und daran wird das Mobile aufgehängt.

In die, eventuell vergoldete, Walnussschale legt man ein wenig Wolle und darauf ein kleines Kindchen aus Bienenwachs. Nun können die Engel das Kindchen vom Himmel zur Erde bringen.

Natürlich kann man die Engel auch einzeln machen, oder das Mobile kann durch mehrere Engel vergrößert werden.

Strohengel

Strohhalme; stabiles Garn oder Goldfaden; Tesakrepp; ein Stück Goldfolie; Hobbyleim; Schere

Für den Strohengel werden die Halme auf ganz verschiedene Art verarbeitet. Auf Seite 92 ff. wird gezeigt, wie man sie verarbeiten kann.

Für Kopf und Körper nimmt man ungebügelte, runde Halme; für die Arme werden unaufgeschnittene, flach gebügelte und für die Flügel aufgeschnittene und flach gebügelte Halme verwendet.

Für Kopf und Körper nimmt man ungefähr 8 runde Halme und legt sie einige Stunden in eine Schüssel mit Wasser. Dadurch werden sie geschmeidig und lassen sich leichter biegen (Abb. 43-3). ① Nun werden die Halme in der Mitte umgebogen. Die Länge des halben Halmes ergibt die gesamte Größe des Engels – Kopf und Körper bis zum unteren Rand. ② Mit Zwirn bindet man den Kopf ab.

③ Jetzt nimmt man 3 oder 4 flach gebügelte (nicht aufgeschnittene) Halme und schiebt sie in die Mitte zwischen die runden Halme des Körpers. ④ Anschließend bindet man die Taille ab.

⑤ Dann muss man versuchen, die Halme, die den Unterleib bilden, in einem runden Kranz anzuordnen. Dazu nimmt man einen runden Gegenstand mit einem Durchmesser von 1,5 – 2 cm (beispielsweise ein Medizinfläschchen oder eine etwas dickere Wachskerze) und schiebt ihn von unten in den Kranz von Halmen. Dadurch werden die Halme, die noch nass sind, nach außen gebogen. Mit Tesakreppband werden die Halme nun am Fläschchen festgeklebt – das kann später wieder gut entfernt werden. Über Nacht lässt man die Halme trocknen, und am nächsten Tag zieht man das Klebeband ab. Nun behalten die Halme die gewünschte Form. ⑥ Mit der Schere wird das Engelsgewand am Saum schön gerade abgeschnitten, man darf allerdings nicht zu viel abschneiden und sollte immer wieder kontrollieren, ob der Engel steht. ⑦ Während der Engelskörper trocknet, macht man die Flügel. Dazu verwendet man aufgeschnittene und flach gebügelte Halme. Man sollte einige besonders schöne und farblich zusammenpassende Halme dafür auswählen. Die Halme werden über Kreuz aufeinander gelegt, und zwar so, dass das nächste immer ein Stück weiter nach unten gelegt wird. Wie zu einem Fächer klebt man die Halme im Schnittpunkt mit Leim aufeinander und lässt das Ganze unter Druck trocknen, damit der Mittelpunkt nicht zu dick wird. Damit die Flügel ihre richtige Form bekommen, kann man auch hier mit Tesakrepp nachhelfen. Wenn der Körper trocken und der Saum gerade geschnitten ist, macht man die Arme fertig. Die Armhalme werden mit etwas Hobbyleim zusammengeklebt und, bevor der Leim trocken ist, nach vorne gebogen. Da jetzt die Halme noch nicht abgeschnitten sind, hat der Engel noch sehr lange Arme. Das ist günstig, denn so kann man diese langen Arme vorne zunächst zusammenbinden. Wenn der Leim dann gut getrocknet ist, schneidet man die Arme auf die richtige Länge zurück und macht die Händchen, indem man die Halme am Ende mit Zwirn zusammenbindet.

Bevor die Flügel befestigt werden, ist es günstig, den Engel mit eventuellen

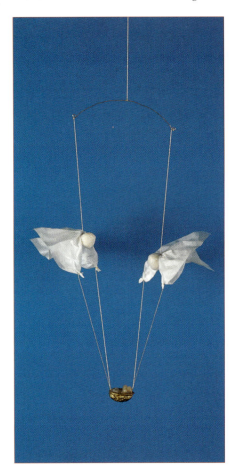

Abb. 90-1

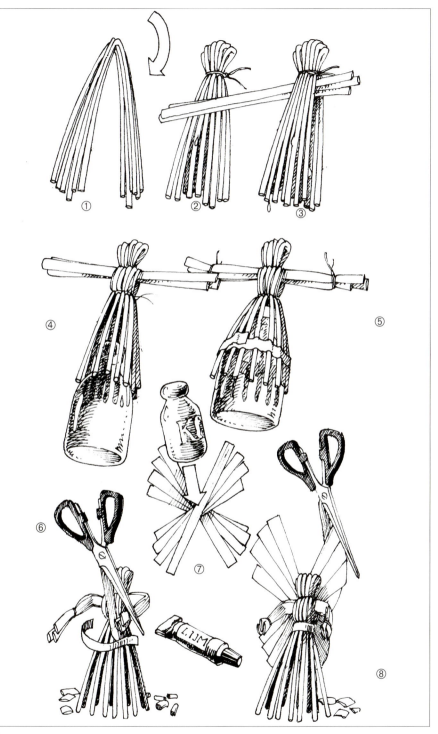

Abb. 91-1

Verzierungen auszustatten. Auf Abb. 91-2 hat der Engel beispielsweise einen Gürtel aus einem schmalen Streifen Goldfolie bekommen. Man kann ihm auch zwei über die Brust gekreuzte Bänder oder ein Goldband auf die Stirn mit einem kleinen Stern darauf machen. ⑧ Nun wird der Fächer aus flach gebügelten Halmen, die Flügel, mit dem Leim am Rücken des Engels festgeklebt. Wenn der Leim trocken ist, schneidet man die Flügel in Form. Es ist sicher deutlich, dass die Anzahl der verwendeten Halme die «Dicke» des Engels bestimmt. Man sollte nicht weniger als 8 Halme für den Körper verwenden, denn sonst sieht der Unterbau des Engels merkwürdig aus.

Abb. 91-2

Engel aus Goldfolie

weißes Seidenpapier; gezupfte Schafwolle; Goldfolie; eine stumpfe Nadel; oder eine feine Stricknadel; ein Stückchen Kammband; Hobbyleim

① ② Aus dem Seidenpapier schneidet man ein kleines Quadrat von 10 x 10 cm aus und macht daraus mit der gezupften Schafwolle, die man zu einem Kügelchen geformt hat, ein kleines Köpfchen, wie beim Engelmobile auf S. 89 beschrieben wurde. ③ Mit einem feinen Faden, den man im Nacken verknotet, wird das Köpfchen abgebunden, (Abb. 28).
Dann werden aus der Goldfolie Körper, Arme und Flügel ausgeschnitten (Abb. 114-2). ④ Die Folie wird mit der Außenseite nach oben auf eine nicht zu harte Unterlage, z.B. auf ein Stückchen weichen Karton, gelegt, und mit einer stumpfen Nadel zeichnet man die Formen auf die Folie.
⑤ Köpfchen und Hals werden auf die Innenseite des Körpers geklebt, und diesen klebt man am Rücken so zusammen, dass er stehen kann ⑥. Die Arme werden an beiden Seiten des Körpers festgeklebt und die Flügel am Rücken. Von dem Kammband nimmt man ein Stückchen Wolle, legt sie als Haare um das Köpfchen und klebt sie fest. Schließlich werden aus zwei Stückchen Seidenpapier Händchen gemacht und diese in den Armen festgeklebt.

Abb. 92-1

Abb. 92-2

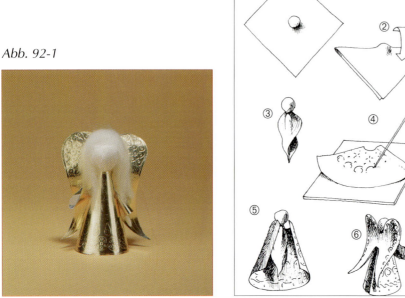

22 Strohsterne

Vorbereitung:

*naturfarbene Strohhalme
scharfes Messer
spitze Schere
Schüssel mit Wasser
Bügeleisen*

Die Halme werden ungefähr eine Stunde in Wasser eingeweicht. Am oberen Ende schneidet man mit dem Messer die Halme ein Stück weit ein und bügelt sie dann weiter auf. Man kann die nassen Halme auch rund lassen und nur flach bügeln. Aufgeschnittene und flach gebügelte Halme können ebenso als sehr breite wie auch als sehr schmale Streifen verarbeitet werden (mit Lineal und scharfem Messer schneiden). Strohsterne aus aufgeschnittenen Halmen haben den Nachteil, dass sie eine schöne und eine nicht so schöne Seite haben; sie eignen sich vor allem dann, wenn man sie vor einen blauen Hintergrund klebt. Strohsterne aus nicht aufgeschnittenen Halmen sind auf beiden Seiten gleich und deshalb für Mobiles, am Christbaum oder am Fenster gut zu gebrauchen.
Bei den Beispielen in diesem Buch wurde zum Aufhängen der Sterne immer Goldfaden verwendet; man kann jedoch auch gut Garn in anderen Farben, z.B. Rot, nehmen.
Die Halme werden, von der Größe des Sternes abhängig, in zwei oder drei Teile geschnitten.

Abb. 93-1 bis 9

Strohstern mit 8 Spitzen

① Zwei gleich lange Strohhalme werden kreuzweise aufeinander gelegt.
② Zwei weitere Strohhalme werden hinzugefügt. Nun legt man den Zeigefinger auf den Kreuzungspunkt der Halme, um sie festzuhalten, und flicht einen Faden um diese, indem man den Faden zuerst über das zuletzt aufgelegte Hälmchen führt, dann unter dem folgenden durch, über das nächste usw. (Abb. 94-1).
③ Schließlich wird der Faden an der Rückseite des Sternes verknotet.
Man kann die Strohhalme auch kreuzweise auf einen kleinen Holzklotz legen und mit einer Stecknadel im Kreuzungspunkt feststecken. So hat man die Hände frei, um die Halme mit dem Faden aneinander zu binden.
Nun werden die Spitzen in eine bestimmte Form geschnitten (siehe Beispiele auf Abb. 94-2).

Strohstern mit 16 Spitzen

Zwei Sterne mit acht Spitzen werden gemacht und aufeinander gelegt. Die Sterne werden wie oben mit einem Faden aneinander geflochten, und bei einem der beiden Sterne kann der Flechtfaden eventuell weggeschnitten werden.
Geübtere Hände können den Stern mit 16 Spitzen in einem Arbeitsgang machen, so hat man die Flechtarbeit mit dem Faden nur einmal.
Indem man Länge und Breite der Halme ändert, hat man zahlreiche Variationsmöglichkeiten.
Genauso können auch Sterne mit noch mehr Spitzen gemacht werden. Wenn man abwechselnd breite und schmale, flache und runde Halme verwendet, kann man die unterschiedlichsten Sterne machen (siehe Seite 93).

Abb. 94-3 ➡

Großer Strohstern mit 16 Spitzen und 8 Randsternen

Man fertigt zwei Sterne mit acht Spitzen: den einen aus vier kurzen, den anderen aus vier langen flachen Halmen und befestigt sie überkreuz. Für die acht kleinen Sterne, die außen sein sollen, nimmt man pro Stern drei Halme, die etwas schmaler sein dürfen; der vierte Halm ist bereits durch den langen Halm des großen Sternes gegeben, auf dem da kleine Sternchen befestigt wird (s. Abb. 95-1). Dieser kombinierte Stern kann natürlich noch erweitert werden.

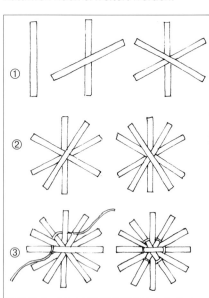

Strohstern mit 12 Spitzen

① Zwei flache Halme werden in je drei gleiche Teile geschnitten, und diese sechs Stücke legt man aufeinander.
② So entsteht zunächst ein einfaches und dann ein doppeltes Andreaskreuz (siehe Abb. 94-3).

Abb. 94-1

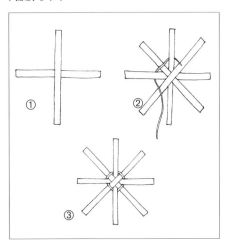

Abb. 94-2

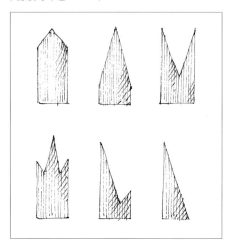

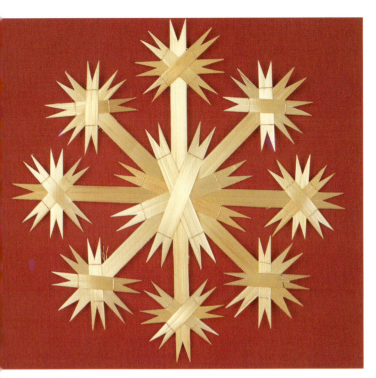

Abb. 95-1 bis 3

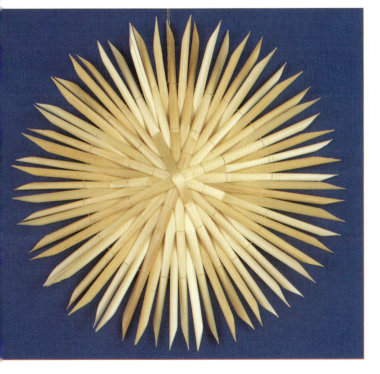

Abb. 96-1 *Abb. 96-2*

Abb. 96-3

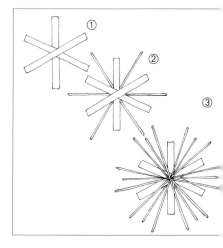

Abb. 96-4

③ Der letzte Halm wird horizontal gelegt; der erste und der letzte Halm bilden zusammen ein Kreuz, das die übrigen Halme einschließt.
Der Faden, mit dem der Stern umflochten wird, kommt von hinten, geht über den zuletzt aufgelegten Halm, unter dem nächsten hindurch usw. (siehe Abb. 93-4).

Strohstern mit 24 und mit 32 Spitzen

Für den Stern mit 24 Spitzen legt man zwei Basissterne mit 12 Spitzen aufeinander (siehe Abb. 94-3), flicht den Faden hindurch und bindet sie zusammen. Eventuell überflüssige Fäden werden abgeschnitten (Abb. 93-7).

Variante (Abb. 93-9):
Man verwendet hier drei breite und neun lange schmale Halme. ① Zuerst werden die drei breiten Halme aufeinander gelegt. ② Dann legt man die schmalen Halme von hinten dagegen. ③ Schließlich legt man vorne, in die Zwischenräume zwischen die schmalen und breiten Halme, zwei Halme zusammen und befestigt sie aneinander. Der Stern mit 32 Spitzen wird genauso wie der mit 24 Spitzen gemacht, nur geht man hier vom Stern mit 16 Spitzen aus. Ein solcher Stern kann also aus vier Sternen mit acht Spitzen gemacht werden.

Großer Strohstern mit 64 Spitzen

Dieser Strohstern, der auf Abb. 95-2 zu sehen ist, wird aus 32 (nicht flach gebügelten) Halmen gemacht. Hier müssen die Halme nass verarbeitet werden, damit sie elastischer sind und nicht so leicht brechen.
Man macht aus acht Halmen, die kreuzweise gelegt und mit Fäden befestigt werden, einen Stern. Ein zweiter Stern wird genauso gemacht. Die beiden Sterne werden so aufeinander gelegt, dass die Strahlen ineinander greifen, und mit einem neuen Faden wird dieser Stern umflochten. Das Ergebnis ist ein Stern mit 32 Spitzen. Nun macht man noch einen solchen Stern, legt die beiden Sterne aufeinander, umflicht sie wieder mit einem Faden und hat nun den Stern mit 64 Spitzen.
Wenn die Spitzen in Form geschnitten werden, sollten die Halme noch nass sein.

Strohstern-Mobile

Dieses Mobile besteht aus einem großen Davidsstern, der zwölf Sterne mit je zwölf Spitzen hat (Abb. 97-1). Für den Davidsstern werden sechs lasse, ganze Halme verwendet.
① Drei Halme werden so aufeinander gelegt, dass ein gleichseitiges Dreieck entsteht, und die Enden werden mit Faden zusammengebunden. Von den drei anderen Halmen wird genau solch ein Dreieck gemacht. ② Die beiden Dreiecke werden so aufeinander gelegt, dass der sechseckige Davidsstern entsteht. An den Kreuzungspunkten werden die Halme zusammengebunden und das Mobile an vier Punkten aufgehängt.
Die Strohsterne mit den zwölf Spitzen macht man aus flach gebügelten, ganzen Halmen. Da sie etwas schwerer sind, hängen sie schön.

Anregung zur Verwendung:
Dieses Mobile kann man in den zwölf Heiligen Nächten zwischen Weihnachten und Dreikönig entstehen lassen. Man fängt dann mit dem Davidsstern an, und jeden Tag kommt ein Stern mit zwölf Spitzen dazu.

Abb. 97-1

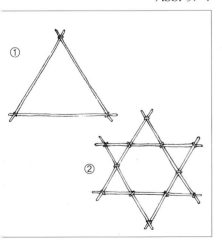

23 Durchsichtige Faltsterne

Allgemeine Arbeitsweise

Drachenpapier oder Seidenpapier; durchsichtiger Hobbyleim, Tapetenkleister oder Klebestift; beidseitig klebendes Klebeband; scharfes Messer
Transparente Sterne werden so hergestellt, dass man jede Sternspitze einzeln aus durchsichtigem Papier faltet, und die entstandenen Spitzen werden dann zum Stern zusammengefügt.
Man verwendet am besten Drachen- oder Seidenpapier.

Drachenpapier *ist schön transparent und stabiler als das etwas milchig-durchsichtige Seidenpapier und somit leichter zu verarbeiten.*
Seidenpapier *ist nicht so farbecht wie das Drachenpapier. Da man transparente Sterne meistens länger hängen lässt, können die Sterne aus Seidenpapier im Sonnenlicht ausbleichen.*

Man muss bei der Wahl der Farben bedenken, dass das Muster im transparenten Stern dadurch entsteht, dass mehrere Papierlagen übereinander liegen. Deshalb wählt man für komplizierte Sterne möglichst nicht so dunkle Farben. Günstig sind gelb, orange, hellgrün und rosa.
Man sollte diese Sterne nicht zu klein machen, denn das exakte Falten wird dann schwieriger. Die in diesem Buch aufgeführten Sterne haben einen Durchmesser von 20 cm.
Die Maße des Papiers sind wichtig, denn damit werden die Muster bestimmt. Auf den Abbildungen 101-1/2 sieht man Beispiele davon. Hier beträgt die Breite der Faltblätter 7,5 bzw. 4,5 cm.

Bei der Herstellung der Sternspitzen geht man von folgenden Maßen aus:
a) rechteckige Faltblätter (z.B. 10 x 7,5 cm): Hier ist die Länge des Papiers bestimmend für das Format des Sterns. Bei unserem Beispiel also 2 x 10 cm = 20 cm.
b) quadratische Faltblätter (z.B. 7,5 x 7,5 cm): Hier ist die Diagonale bestimmend für das Format des Sterns. Ein Papier von 7,5 x 7,5 cm hat eine Diagonale von 10 cm. Die Diagonale ist also ungefähr 1/3 länger als die Seiten des Quadrates.

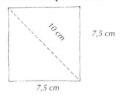

Zunächst sollte man berechnen, wie viele Faltblätter man aus einem Blatt Papier machen kann, so kann man zu viel Abfall vermeiden. Aus einem Blatt Drachenpapier von 75 x 102 cm kann man 100 rechteckige Faltblätter von 10 x 7,5 cm und 130 quadratische Faltblätter von 7,5 x 7,5 cm ausschneiden.

Man muss darauf achten, dass alle Faltblätter exakt gleich groß sind; dazu wird das große Blatt zunächst genau halbiert (scharf falten) und mit einem scharfen Messer im Falz geschnitten. Diese beiden Blätter werden wieder halbiert usw., bis das gewünschte Format erreicht ist. Sehr praktisch ist hier eine Papier-Schneidemaschine. Will man andere Formate haben –

97

schmaler, breiter oder länger –, trennt man am besten einen Streifen vom großen Blatt ab, um das gewünschte Maß zu bekommen. Man sollte die Blätter sehr genau falten, denn jede Abweichung macht sich beim Endresultat bemerkbar.

Die Falze müssen scharf gezogen sein. Wenn dieselbe Spitze zweimal gefaltet werden soll wie auf Abb. 101-3, ist es ratsam, den ersten Falz nicht über die Mittellinie gehen zu lassen, sondern 1 mm frei zu lassen. Beim nächsten Falz müssen die beiden Seiten allerdings genau aneinander anschließen.

Alle gefalteten Teile werden geklebt. Man nimmt hierfür durchsichtigen Hobbyleim, Tapetenkleister oder Klebestift. Leim, der nicht transparent ist, sieht man, wenn der Stern aufgehängt wird. Man sollte nicht zu viel Leim verwenden.

Schließlich werden die Sterne mit einem Stückchen beidseitig klebendem Klebeband am Fenster angebracht. Man sollte nur sehr wenig Klebeband verwenden und den Stern an den Punkten befestigen, an denen er am wenigsten transparent ist, an den Spitzen. Hat man zu große Klebebandstücke verwendet, kann der Stern u.U. nur mit Mühe unbeschädigt wieder vom Fenster gelöst werden.

Sterne aus quadratischen Faltblättern

Einfacher achteckiger Stern
8 quadratische Faltblätter von beispielsweise 7,5 x 7,5 cm

Bei Sternen aus quadratischen Faltblättern ist die Diagonale der zentrale Falz. In folgenden Schritten geht man zu Werke (Abb. 98-1):

① Die Blätter werden einmal diagonal zusammengefaltet, so dass die Spitzen B und C aufeinander kommen, dann faltet man das Blatt wieder auseinander.
② Nun werden die Spitzen B und C gegen die diagonale Linie gefaltet und mit Leim festgeklebt.
③ Wenn alle acht Blätter gefaltet sind, wird der Stern vorsichtig zusammengeklebt: Die nicht gefaltete untere Seite der ersten Sternspitze wird an die Diagonallinie der nächsten Spitze geklebt und so fort, bis alle Spitzen aneinander geklebt sind (Abb. 99-3).

Zehneckiger Stern
(Abb. 99-4)
10 quadratische Faltblätter von 7,5 x 7,5 cm

Die Spitzen werden wie beim achteckigen Stern gefaltet (①②).
Beim Zusammenkleben wird die nicht gefaltete Unterseite der zweiten Sternspitze ein wenig über die Diagonale der ersten Spitze gelegt. Auf diese Weise entsteht im Herzen des Sternes ein Strahlenmotiv.

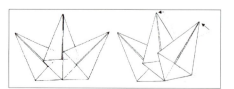

Achteckiger Stern
(Abb. 99-5)
8 quadratische Faltblätter von 7,5 x 7,5 cm

Der oben beschriebene achteckige Stern lässt sich sehr einfach falten. Durch eine einzige Änderung kann sich das ganze Muster des Sternes verändern.
Man macht beispielsweise nach ① und ② einen extra Falz: Dazu werden die beiden Ecken mit den Spitzen B und C wieder aufgeklappt und nochmals gefaltet; dann werden sie nach innen gefaltet und festgeklebt (Abb. 99-1). Danach wird der Stern wie bei ③ zusammengeklebt.

Abb. 98-

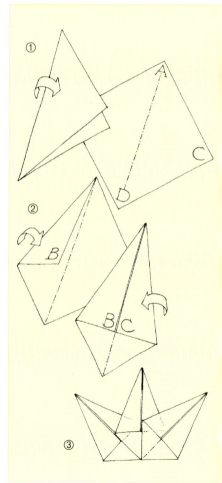

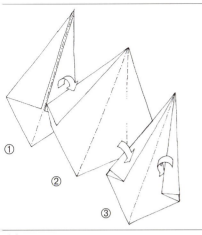

Abb. 99-1

Fünf- und zehneckiger Stern
(Abb. 99-6/7)
5 oder 10 Faltblätter von 7,5 x 7,5 cm
Eine Veränderung des Sternmusters von Abb. 99-5 bekommt man dadurch, dass man nicht acht, sondern fünf gefaltete Spitzen verwendet.
Auf Abb. 99-6 sieht man, dass die einzelnen Spitzen des Sternes sich nicht mehr zur Hälfte überlappen, sondern nur ein Bruchteil davon übereinander gehen (10 – 12 mm). Dadurch entsteht in der Mitte ein Strahlenmotiv.

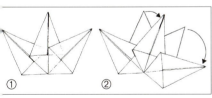

Abb. 99-2

Verdoppelt man die Zahl der Spitzen für den zehneckigen Stern, entsteht ein wunderschönes Motiv (Abb. 99-7).

Es gibt zwei Möglichkeiten, wenn man aus einem fünfeckigen einen zehneckigen Stern machen will (oder aus einem viereckigen einen achteckigen und

Abb. 99-3

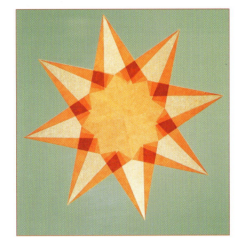

Abb. 99-5

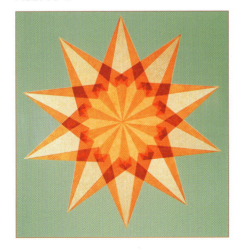

Abb. 99-7

Abb. 99-4

Abb. 99-6

99

schließlich einen sechzehneckigen Stern).

Die einfachste Methode besteht darin, dass man zwei fünfeckige Sterne aufeinander klebt. Die exaktere Methode ist die, dass man zunächst einen fünfeckigen Stern macht und dann die übrigen fünf Spitzen eine nach der anderen zwischen die Spitzen des fertigen Sternes klebt.

Elfeckiger Stern (Abb. 100-1)
*11 quadratische Blätter
von 7,5 x 7,5 cm*
Bei dem Stern von Abb. 99-3 wird nur die obere Seite wie bei ① und ② von Abbildung 99-1 gefaltet.
Die nicht gefalteten unteren Seiten werden bis zur Diagonalen der sich davor befindenden Sternspitze übereinander geklebt. Auf diese Weise wird das Herz des Sternes dunkler (Abb. 99-5).
Bei diesem elfeckigen Stern macht man nach den ersten beiden Faltschritten noch einen weiteren Falz (Abb. 100-2). Dann faltet man die unteren Seiten der Spitzen gegen die Diagonale und klebt sie fest. Die Sternspitzen werden auf diese Weise schmaler.
Wenn man nun elf anstelle von zehn Spitzen faltet und ineinander klebt, entsteht der Stern von Abb. 100-1.
Hier sieht man deutlich, wie weit die einzelnen Spitzen übereinander geklebt werden müssen.

Abb. 100-1

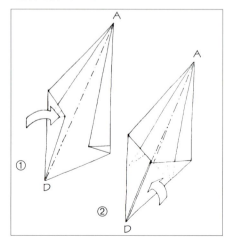

Abb. 100-2

Abb. 101-1

Abb. 101-2

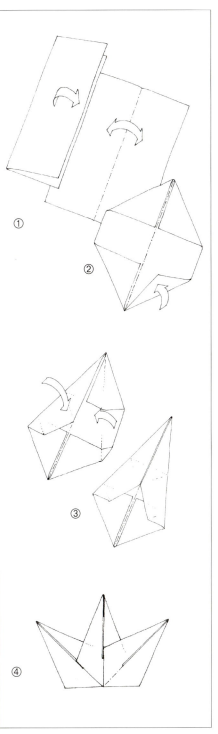

Abb. 101-3

Sterne aus rechteckigen Faltblättern

Einfacher achteckiger Stern
(Abb. 101-1)
Bei Sternen aus rechteckigen Faltblättern ist der zentrale Falz die lange Mittelnaht. Folgendermaßen wird gearbeitet:
① Die Blätter werden längs zusammen- und wieder auseinander gefaltet.
② Die vier Ecken werden zur Mittellinie gefaltet, so dass oben und unten eine Spitze entsteht. Es ist ratsam, die Ecken mit etwas Leim anzukleben.
③ Von der oberen Spitze faltet man die entstandenen zwei Seiten nochmals zur Mittellinie. Die so entstandene schmale Spitze bildet nachher eine der Sternspitzen, wogegen die untere, breitere Spitze im Zentrum des Sternes liegt.
④ Wenn man alle acht Spitzen gefaltet hat, klebt man den Stern sorgfältig zusammen, wie bei ③ auf Abb. 98-1 angegeben wurde.

Achteckiger Stern 2 (Abb. 101-2)
8 rechteckige Faltblätter
von 10 x 4,5 cm
Für den ersten achteckigen Stern wurde Papier von 10 x 7,5 cm verwendet. Nimmt man schmalere Papiere von beispielsweise 10 x 4,5 cm, so entsteht bei gleicher Faltmethode der Stern von Abb. 101-2.

Abb. 102-1

Abb. 102-2

Abb. 102-3

Achteckiger Stern 3 (Abb. 102-1)
8 rechteckige Faltblätter von 10 x 7,5 cm
① Die Blätter werden längs zusammen- und wieder auseinander gefaltet.
② Nur zwei Ecken werden zur Mittellinie gefaltet und wieder aufgefaltet.
③ Dann werden sie halbiert.
④ Da die ungefalteten Teile ins Zentrum des Sternes kommen, muss man zunächst die vier Faltblätter zu einem Stern mit vier Spitzen zusammenkleben. Danach werden die übrigen Spitzen zwischen die vier ersten geklebt.

Abb. 102-4

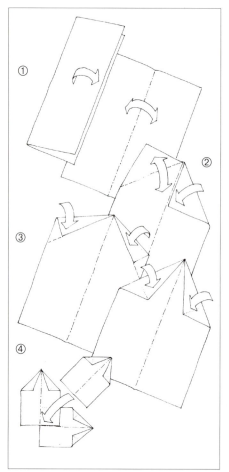

Achteckiger Stern 4 (Abb. 102-2, 103-1)
8 rechteckige Faltblätter von 10 x 7,5 cm
Das Papier wird wie bei ① und ② (Abb. 102-5) verarbeitet. Die beiden Seiten der unteren Spitze (die sich nachher im Zentrum des Sternes befindet) werden wieder aufgefaltet. ① Die beiden unteren Spitzen werden noch einmal halbiert und dann nach innen gefaltet. Es ist eine neue Form entstanden (Abb. 103-1 ① ②).
Danach wird wie bei ③ und ④ (Abb. 103-1) weitergearbeitet.

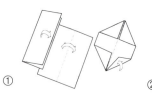

Abb. 102-5

Achteckiger Stern 5 (Abb. 102-3, 103-2)
Es wird gearbeitet wie bei ① und ② (Abb. 102-5). Dann werden die unteren Spitzen, die nachher im Zentrum des Sternes sind, wieder aufgefaltet, so dass wieder ein Viereck entsteht (Abb. 103-2). ① Indem man nun sehr sorgfältig diese beiden Vierecke zweimal diagonal faltet, bekommt man jeweils den Mittelpunkt. ② Nun wird die Spitze zum eben gewonnenen Mittelpunkt gefaltet und beide Ränder um diesen Mittelpunkt zur Mitte des Ganzen gefaltet. Es folgen ③ und ④.

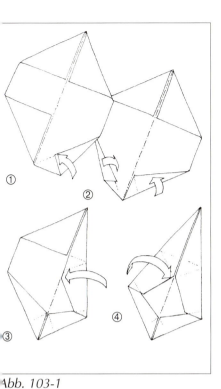

Abb. 103-1

Abb. 103-2

16-eckiger Stern (Abb. 103-4)
16 rechteckige Faltblätter von 10 x 7,5 cm

Die 16 Spitzen für diesen Stern werden wie bei ① bis einschließlich ③ gemacht.

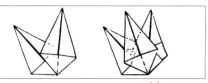

Abb. 103-3

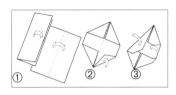

Vor dem Zusammenkleben wird Folgendes getan: Zuerst klebt man zwei Spitzen aufeinander (siehe Abb. 103-3), und danach klebt man die dritte Spitze zwischen die beiden ersten. Danach wird die vierte Spitze auf die dritte, die fünfte auf die zweite geklebt usw.
Da bei diesem Stern viele Papierlagen übereinander gefaltet und geklebt werden, ist es wichtig, kein zu dunkles Papier zu verwenden.

Abb. 103-4

Abb. 104-1

Abb. 104-2

Abb. 104-3

Spitzer, achteckiger Stern (Abb.104-1)
*8 rechteckige Faltblätter
von 12 x 4,5 cm*
Bei diesem Stern verändert sich das Sternmotiv, weil die Faltblätter schmaler sind. Es sollten aber keine Faltblätter verwendet werden, die kleiner als 12 x 4,5 cm sind.

Nach ①, ② und ③ wird der letzte Falz wie auf Abb. 104-4 ② gemacht.

Spitzer 16-eckiger Stern 1 (Abb.104-2)
*16 rechteckige Faltblätter
von 15 x 4,5 cm*
Für die Sterne von Abb. 104-2 und 104-3 gilt dasselbe wie für den 16-eckigen Stern auf Abb. 103-4. Man sieht hier auch die Ähnlichkeit mit dem breiten 16-eckigen Stern, obwohl bei spitzen Enden das Strahlenmotiv deutlicher wird.
Der Stern von Abb. 104-2 wird wie der spitze, achteckige Stern (auf dieser Seite) gefaltet.
Dann faltet man die Spitzen weiter wie auf Abb. 104-4 ① und ②.
Der Stern wird, wie dies für den 16-eckigen Stern (S. 103) beschrieben wurde, zusammengeklebt.

Abb. 104-4   Abb. 104-5

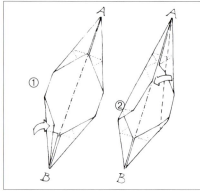

Spitzer 16-eckiger Stern 2 (Abb.104-3)
*16 rechteckige Faltblätter
von 15 x 4,5 cm*
Bei diesem Stern muss noch ein extra Falz gemacht werden. Man kann evtl. mit etwas größeren Faltblättern arbeiten.
Man faltet die Spitzen zunächst wie bei dem Stern von Abb. 101-3 (①②).
Dann werden die Seiten wie auf Abb. 104-5 ① zur Mittellinie gefaltet. Anschließend faltet man die Seiten der oberen Spitze noch einmal zur Mittellinie (Abb. 104-5 ②).
Danach wird der Stern, wie dies für den Stern von Abb. 103-4 beschrieben wurde, zusammengeklebt. Das Ergebnis ist verblüffend.

24 Kleine Weihnachtskrippen

Kleiner Stall aus Ton

Modellierton

Aus Ton kann sehr einfach eine kleine Krippe plastiziert werden (Abb. 105-2), die man nach Belieben ausgestalten kann. Auch Kinder können solche Krippen ganz selbstständig machen. Bei dieser einfachen Krippe kommt es sehr auf die «Landschaft» an, in die man sie stellt: Die Umgebung muss stimmungsvoll sein. Man unterlegt eine solche Landschaft mit dunkelbraunem oder grünem Stoff, legt Steine, Moos und/oder Tannenzapfen darauf. Dazu kommen kleine Bäumchen, die man aus einem Klümpchen Ton macht, in welches ein kleiner Tannenzweig gesteckt wird.
Man kann die Kinder während der Adventszeit jeden Tag einen neuen Gegenstand plastizieren lassen.

Am ersten Adventssonntag kann beispielsweise die leere Krippe gemacht werden, am zweiten Bäume und Sträucher der Umgebung, am dritten die Schafe, und am vierten Adventssonntag kommen dann die Menschen an die Reihe, so dass am Heiligen Abend Josef, Maria, das Kind und die Hirten, eventuell auch der Engel, da sind.

Die Figuren sollten aus einem Stück gemacht werden, denn angeklebte Teile, wie Arme und Beine, können, wenn der Ton getrocknet ist, abfallen. Das Ganze kann, wenn es trocken ist, mit Wasserfarben bemalt werden.

Kleiner Stall mit Hirten

(Abb. 105-1)

weiße und braune ungesponnene Schafwolle; rosafarbener Puppen-Trikotstoff; bunte Stoff- und Filzreste; Pelzreste; ungesponnene Shetlandwolle und Kamelhaar

Maria, Josef, Kind und Hirten:
① Für jede Figur macht man aus der weißen Schafwolle eine feste Rolle von 8 – 9 cm Länge. ② Am einen Ende wird ein kleines, rundes Köpfchen geformt. ③ Darüber wird ein Stück Puppentrikot gelegt und mit festem Faden abgebunden; damit ist der Kopf fertig.
④ Aus festerem wollenem Stoff oder Filz wird ein nicht zu weites Gewand gemacht, mit dem der Rest der weißen Rolle überzogen wird, so dass die Figur stehen kann. ⑤ Am Hals wird der Stoff angekraust.

Maria bekommt ein Kleid aus rotem Filz und darüber einen Mantel aus einem rechteckigen Stückchen blauem Stoff oder Filz. ⑥ Der Mantel wird über den Kopf gelegt und mit einigen Stichen befestigt.
Die Hände werden aus gezupfter Schafwolle gemacht und mit Trikot überzogen. ⑦ Dann werden sie zwischen eine Falte des Mantels genäht. Mit einem feinen Farbstift werden Augen und Mund angedeutet.

Josef und die Hirten bekommen einen Umhang aus Stoff oder Pelz. Dieser wird im Nacken und vorne in der Mitte mit einigen Stichen befestigt. Man kann auch ein Stöckchen zwischen die Mantelfalten schieben. Die Haare werden aus gezupfter brauner Schafwolle gemacht und mit dem Hut zusammen auf dem Kopf befestigt. Der Hut besteht aus einem runden Filzstückchen. Durch einen Heftfaden, den man anzieht, wölbt sich die Mitte

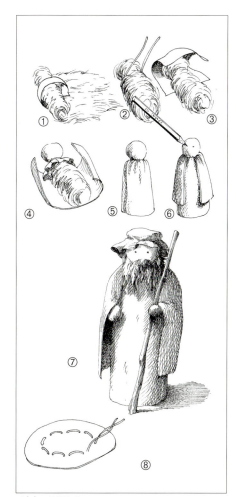

Abb. 105-1

Abb. 105-2

des Hutes. Mit einigen feinen Stichen wird der Hut am Kopf befestigt.

Das **Kind** wird genau wie die anderen Püppchen, nur kleiner, gemacht. Wenn das Köpfchen fertig ist, wickelt man den Körper in ein Stück Stoff, Flanell oder Filz von heller Farbe. Mit einigen feinen Stichen wird das Ganze befestigt.

Die **Schafe** werden aus einem rechteckigen Stück Pelz oder Schaffell gemacht. Von der Schmalseite aus wird es fest eingerollt und unten, eventuell auch an den Enden, mit einer Ledernadel zugenäht. Etwa ein Drittel wird für den Kopf fest abgebunden. Nun wird das Schaf in Form geschnitten. Die Ohren werden aus weichem Leder oder Filz gemacht und angenäht.

Ochs und Esel (Abb. 106-1): Ein kleiner Strang gekämmter, ungesponnener Shetlandwolle wird an den Enden nach innen gestülpt; daraus wird mit einigen lockeren Stichen mit dünnem Faden ein liegender Esel geformt. Die Ohren entstehen dadurch, dass man die Wolle vorsichtig auszupft.
Für den Ochsen eignet sich hellbraune, gekämmte Schafwolle (Kammband) besonders gut.

Die **Krippe** kann man aus Rindenstücken und Zweigen, die zusammengehämmert oder geklebt werden, machen; für das Dach nimmt man einzelne größere Rindenstücke. Beim Verkleiden der Krippe mit Stroh, Moos, Pflanzen, Steinen usw. kann man seiner Fantasie freien Lauf lassen.

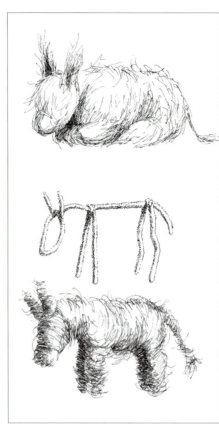

Abb. 106-1

Einzelnes Schaf

(Abb. 106-2, 107-1)

*4 Pfeifenputzer
weiße, ungesponnene Wolle
Sticknadel ohne Spitze
Häkelnadel Nr. 3
alte Schere oder Zange
Hobbyleim*

① Für den Kopf des Schafes biegt man das Ende eines Pfeifenputzers um zwei Finger, für den Hals macht man einen kleinen Knick.
Für Vorder- und Hinterbeine biegt man einen Pfeifenputzer um den Leib herum. Die Beine werden erst abgeschnitten, wenn das Schaf ganz fertig ist.
② Der vierte Pfeifenputzer wird verwendet, um dem Gerüst mehr Festigkeit zu geben und den Schwanz zu verlängern. Das bereits vorhandene Schwänzchen des ersten Pfeifenputzers wird nach vorne um den Leib herumgewickelt.
③ Nun zupft man sich ein Stück Wolle zurecht und fängt beim Bauch an, das Schaf zu umwickeln. Man sollte das Büschel immer wieder kurz loslassen, damit die Wolle sich nicht verdreht. So wird das Schaf gleichmäßig vom Bauch

Abb. 106-2

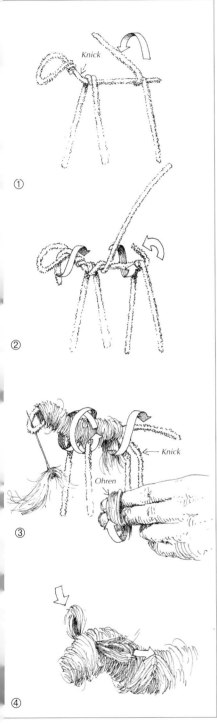

Abb. 107-1

zum Kopf und zurück zum Hinterleib umwickelt, bis es dick genug ist. Das Ende beim Maul wird noch ausgespart, hier rutscht die Wolle leicht ab. Schultern und Beine werden folgendermaßen umwickelt: Ein Ende des Wollbüschels hält man da fest, wo die linke Schulter sein wird, die Wolle wird nun hinter dem linken Bein durch über die Brust schräg nach oben, über den Nacken, kreuzweise über die Brust zum rechten Vorderbein, dahinter herum usw. geführt. Man hat auf diese Art eine Bewegung in Form einer Acht ausgeführt. Die Wolle sollte nicht zu fest gewickelt werden und auf dem Rücken schön flach anliegen. Der Hinterleib wird genauso gemacht. Der Kopf darf nicht zu dick werden.

Das Maul: Man fädelt ein kleines Büschel Wolle in die Sticknadel und macht das Maul. Alles wird mit Wolle umkleidet.

Der Schwanz: Man schiebt die Wolle vom Hinterleib nach vorne, so dass der Pfeifenputzer für den Schwanz ganz frei liegt. Er wird etwas weiter als bis zur Hälfte mit einem Büschel Wolle umwickelt. Nun wird der Pfeifenputzer in der Mitte zurückgebogen, die Schwanzspitze ist mit Wolle bedeckt. Die Länge des Schwanzes beträgt 2,5 cm. Nun wird der zurückgebogene Schwanz mit einem neuen Büschel Wolle fertig umwickelt und in Form gebogen.

Die Beine: Man schiebt die Wolle etwas zurück und umwickelt die Beine bis zur Hälfte mit einem schönen dünnen Wollbüschel. Auf die untere Hälfte der Beine streicht man etwas Leim und wickelt die Wolle bis unten. Man lässt den Leim gut trocknen und schneidet schließlich die Beine auf die richtige Länge zu.

Die Ohren ④: Ein Wollbüschel, nicht zu viel und nicht zu wenig, wird fest um zwei Finger gewickelt, dann nimmt man die Wolle von den Fingern. Nun sticht man mit der Häkelnadel vorsichtig an der Stelle, wo die Ohren sein sollen, durch den Kopf, während man an der anderen Seite gleichzeitig mit den Fingern den Kopf dagegen drückt. Nun wird die Wolle mit Hilfe der Häkelnadel durch den Kopf gezogen. Mit Daumen und Zeigefinger werden die Ohren geformt. Man kann sie eventuell mit einem kleinen Stich befestigen.

Ochs und Esel können auf dieselbe Art gemacht werden.

25 Geometrische Figuren

Goldfolie; feine, scharfe kleine Schere oder scharfes Messer; gut gespitzter Bleistift; Hobbyleim; Lineal

Tetraeder aus Goldfolie
(Abb. 108-2)

Ein Tetraeder ist ein regelmäßiges Viereck, das aus vier gleichseitigen Dreiecken besteht. Auf Abb. 108-1 ist das Modell eines Tetraeders aufgenommen worden (50 %). Für diejenigen, die diesen einfachen Körper selber konstruieren wollen, folgt eine Beschreibung auf Seite 113. Die Konstruktion lässt sich am besten so machen, dass man sie zunächst auf einem Stück Papier vorzeichnet und dann auf die Folie durchdrückt. Dies gilt auch für das Modell auf Abb. 108-1, das man kopieren oder abzeichnen kann. So vermeidet man unnötige Löchlein und Striche auf der Folie.

Man legt das Papier mit dem konstruierten Tetraeder auf die Rückseite der Folie und klebt es mit wenig Klebeband fest, damit es nicht verrutschen kann. Nun überträgt man die ganze Form auf die Folie. Um schöne scharfe Kanten zu bekommen, faltet man die Folie nach dem Ausschneiden an allen Linien entlang zunächst zu und wieder auf. Der Leim wird dünn auf beiden Klebeflächen aufgetragen, man lässt ihn an der Luft leicht antrocknen, und danach wird der Körper zusammengeklebt. Am besten klebt man einen Faden mit ein, an dem der Tetraeder aufgehängt werden kann. Dazu macht man einige

Knoten in den Faden, dann kann er nicht herausrutschen. Man muss darauf Acht geben, dass die Ecken sehr exakt aufeinander passen, denn einmal geklebte Folie lässt sich nur schwer wieder lösen.

Abb. 108-1 (50 % Originalgröße)

Kubus aus Goldfolie
(Abb. 108-2)

Ein Kubus besteht aus sechs Quadraten. Auf Abb. 108-3 ist ein Modell abgebildet (50 %). Dieses Modell kann kopiert werden. Die Arbeitsweise ist dieselbe wie beim Tetraeder. Die Konstruktionsbeschreibung für den Kubus ist auf Seite 113 zu finden.

Abb. 108-3 (50 % Originalgröße)

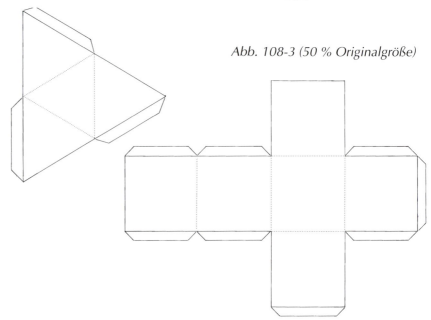

Abb. 108-2

Abb. 108-4

Ikosaeder aus Goldfolie
(Abb. 108-4)

Der Ikosaeder ist ein geometrischer Körper, der aus 20 gleichseitigen Dreiecken besteht. Auf Abb. 109-2 sieht man die Form in ungefaltetem Zustand (60 %). Von der Konstruktion des Tetraeders ausgehend, lässt sich der Ikosaeder leicht machen. Vor dem Zusammenkleben müssen alle Linien gut gefaltet werden, denn das kann nicht nachgeholt werden. Es ist wichtig, dass ein Dreieck bis zum Schluss offen bleibt, damit eventuelle Unebenheiten mit einem Bleistift ausgeglichen werden können.

Pentagondodekaeder aus Goldfolie (Abb. 109-1)

Dieser Körper besteht aus zwölf gleichseitigen Fünfecken. Auf Abb. 109-3 ist zu sehen, wie die sechs oberen und unteren Fünfecke zusammenpassen. Wenn man diese sechs Fünfecke zusammenklebt, entsteht eine kleine Schale. Zwei solche Schalen passen genau aufeinander, wie man auf Abb. 88-2 sehen kann; in diesem Fall wird jedoch nur die untere Schale mit Kleberändern versehen, die obere Schale also nicht. Es ist günstig, die untere Hälfte erst ganz zusammenzukleben und bei der oberen den «Deckel» noch offen zu lassen. So kann man die Kleberänder von innen mit dem Bleistift noch nachträglich andrücken und eventuelle Unebenheiten glätten.

Vor dem endgültigen Zukleben befestigt man in einer der Ecken einen Faden zum Aufhängen.

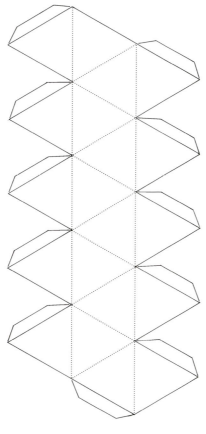

Abb. 109-1

Abb. 109-2 Ikosaeder (60 % Originalgröße)

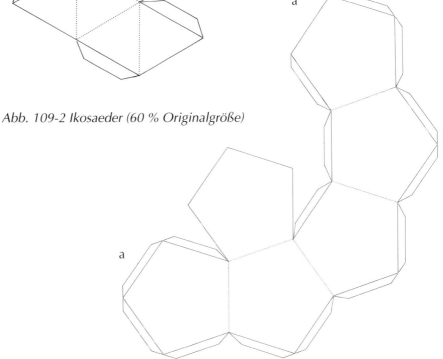

Abb. 109-3 Petagondodekaeder (60 % Originalgröße)

Räumliche Sterne aus Goldfolie

Aus einem Pentagondodekaeder kann man einen räumlichen Stern machen (siehe Abb. 110-2). Dazu macht man 12 fünfseitige Pyramiden, deren Grundfläche genauso groß sein muss wie das Fünfeck des Pentagondodekaeders und klebt je eines auf ein Fünfeck.
Ganz ähnlich wird aus einem Ikosaeder ein räumlicher Stern gemacht, man braucht hier jedoch zwölf dreiflächige Pyramiden.

Abb. 110-1

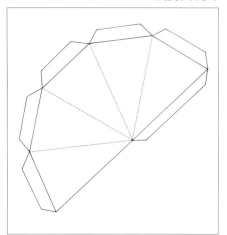

Abb. 110-2

Pentagondodekaeder aus Stroh (Abb. 110-3)

Strohhalme; Lineal; scharfes Messer; Tesakrepp; Hobbyleim; kräftiges Papier; Schere; Faden

Dieser Pentagondodekaeder besteht aus zwölf gleichseitigen Fünfsternen. Als Hilfe bei der Festlegung der Größe dieser räumlichen Körper können folgende Maße dienen: Wenn die Seiten des Fünfecks ungefähr 30 mm betragen, bekommt man einen Fünfstern von ca. 50 mm – während der Durchmesser des ganzen Pentagondodekaeders ca. 80 mm betragen wird.

Man verwendet gebügelte, aufgeschnittene Halme (siehe unter Strohsterne auf Seite 92). Mit Hilfe eines scharfen Messers und eines metallenen Lineals schneidet man die Halme in dünne Streifen.
Man braucht für einen Pentagondodekaeder 12 x 5 = 60 Streifen. Man schaut also zuerst einmal, wie viele Streifen aus der Länge eines Halmes zu machen sind. Bei diesem räumlichen Körper ist es ganz besonders wichtig, dass die Fünfsterne so exakt wie möglich und

Abb. 110-3

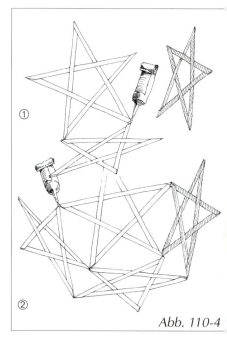

Abb. 110-4

vor allem alle gleich groß sind.
Um das zu erreichen, nimmt man ein Stück kräftiges Zeichenpapier, zeichnet darauf die gewünschte Länge und die Markierungslinie zum Schneiden. Nun lässt man die Halme alle an die angezeichnete Linie stoßen, klebt sie mit Tesakrepp fest und schneidet sie mit der Schere entlang der Linie ab.

Abb. 110-5

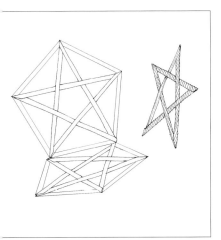

Abb. 111-1

Nun konstruiert man auf einem Stück Papier den Fünfstern in der Größe, in der man den Stern auch nachher haben will (siehe Konstruktion auf Seite 113), oder man verwendet eine Kopie der Modelle von Seite 115. Man kann sie als Anleitung zum Zusammenkleben des Sternes verwenden.

Man nimmt fünf Strohstreifen, die zusammen den Fünfstern bilden sollen, und legt sie mit der glänzenden Seite nach unten zurecht. Da die Streifen nie alle gleich breit sein werden, ist es gut, fünf etwa gleich breite Streifen für einen Stern auszusuchen. Nun bringt man an den Streifenenden ein wenig Leim an, und zwar beim einen auf der glänzenden und beim anderen auf der stumpfen Seite (am besten verwendet man eine Klebetube mit dünner Öffnung, z.B. vom Modellbau). Nachdem der Klebstoff kurz angetrocknet ist, klebt man die Enden zusammen. Auf Abb. 110-4 ① sieht man, dass die fünf Streifen des Sternes wie «geflochten» sind, d.h., der dritte Streifen wird unter einem der zwei ersten durchgeschoben. Jetzt wird das eine freie Ende eines der beiden ersten Streifen mit Klebstoff versehen, und nach kurzem Antrocknen wird der dritte Streifen angeklebt. Auf dieselbe Weise werden die beiden letzten Streifen geklebt. Den frisch geklebten Stern legt man nun auf das vorgezeichnete Fünfeck und kontrolliert, ob er gut darauf passt. Sollte der Stern noch nicht ganz genau sein, kann man, solange der Leim noch nicht ganz trocken ist, noch vorsichtig zurechtschieben – nachher, wenn alles trocken ist, kann man nichts mehr regulieren.
Alle Sterne werden auf dieselbe Weise gemacht, sie müssen, bevor weitergearbeitet wird, gut trocknen.

Nun werden die Sterne zum Pentagondodekaeder zusammengeklebt. Alle fünf Ecken der ersten drei Sterne werden mit Klebstoff versehen, den man etwas antrocknen lässt.
① Zwei Sterne werden mit zwei Ecken aneinander geklebt. Der dritte Stern wird an die beiden bereits zusammengeklebten Sterne geklebt. Auf Abb. 110-4 sieht man, dass nun einer der Sterne etwas angehoben werden muss. Hierfür stützt man diesen Stern, während der dritte angehoben wird, mit einem Holzklötzchen.
Jetzt versieht man die Ecken der nächsten drei Sterne mit Leim und lässt ihn wieder etwas antrocknen. ② Dann klebt man diese Sterne an die freien Ecken der ersten drei Sterne, und damit ist der halbe Pentagondodekaeder fertig.
Mit der anderen Hälfte verfährt man genauso, bis der Körper fertig ist. Wenn der letzte Stern angeklebt wird, nimmt man für eine Ecke ein wenig mehr Klebstoff, um damit den Faden zu befestigen, an dem der Pentagondodekaeder aufgehängt werden kann.

Variante 1:
Man kann bei den einzelnen Fünfsternen die Spitzen natürlich auch untereinander zusammenfügen, dann entsteht ein Fünfeck mit einem Fünfstern in der Mitte. Wie man auf Abb. 111-1 sieht, müssen nicht die Spitzen aller Sterne verbunden werden.

Variante 2:
Abb. 110-5 zeigt einen kleineren Pentagondodekaeder in einem größeren. Hier muss man also zwei komplette Pentagondodekaeder haben, wobei der eine um ein Drittel kleiner sein sollte als der andere, sonst wird das Gesamtbild zu undeutlich, und die einzelnen Fünfsterne kommen nicht mehr zur Geltung. Den kleinen Pentagondodekaeder kann man außerdem mit etwas rotem durchsichtigem Lack färben, dann wird er besser sichtbar. Außerdem können für den kleineren Körper natürlich auch einfach dunklere Strohstreifen verwendet werden.
Der kleine Pentagondodekaeder wird, bevor die zwei letzten Fünfsterne am großen Pentagondodekaeder angeklebt werden, in den großen gesteckt, und der Faden, an welchem der kleine Körper hängt, wird im richtigen Abstand an den großen Körper geklebt.

Kugel aus Stroh

Strohhalme; scharfes Messer; Hobbyleim; Goldfaden

Die Halme werden flach gebügelt (siehe Seite 92 ff.) und in Streifen von 3 mm Breite geschnitten. Die Kugel von Abb. 112-1 besteht aus acht Ringen. Da die Ringe übereinander geklebt werden, muss der Durchmesser des innersten Ringes etwas kleiner sein als der des größeren usw. Es handelt sich hier um einen kaum merklichen Unterschied, am besten macht man es so, dass die Ecken der Strohstreifen, wenn man die Ringe klebt, beim innersten Ring einfach etwas weiter übereinander geklebt werden, beim nächsten schiebt man die Enden nicht ganz so weit übereinander usw. ① ② Wenn die beiden ersten Ringe geklebt sind und der Klebstoff trocken ist, klebt man sie über Kreuz ineinander. Man muss darauf achten, dass bei der fertigen Kugel nicht alle Klebestellen übereinander liegen.

Der Klebstoff der ersten beiden kreuzweise verbundenen Ringe muss erst gut getrocknet sein, bevor man weiterarbeitet, denn diese sind die Basis für die

Abb. 112-1

folgende Arbeit ③. Jetzt erst macht man die übrigen sechs Ringe und lässt auch hier den Leim gut trocken werden. Nun «füllt» man die freien Räume zwischen dem Kreuz und fängt zunächst damit an, dass man in die Mitte zwischen dem Kreuz zwei Ringe klebt ④. Wenn diese gut angetrocknet sind, fügt man die übrigen vier Ringe an die freien Stellen.

Wenn alles richtig trocken ist, klebt man an einen der Ringe den Goldfaden zum Aufhängen. Und zwar so, dass die aufgehängte Kugel eine größtmögliche Tiefenwirkung vermittelt (siehe Abb. 112-1). Man kann die Kugel jedoch am Kreuzpunkt der Ringe befestigen, dann haben die Ringe der Kugel eine vertikale Wirkung. Befestigt man den Faden in der Mitte eines halben Ringes, entsteht ein horizontaler Eindruck. So kann man mit den genau gleichen Kugeln den Eindruck erwecken, als ob sie alle ganz verschieden wären.

Wenn man einen einzelnen Ring quer über die Kugel schiebt und ihr damit eine gewisse Spannung gibt, wird sie stabiler. Dieser rechtwinklig zu den anderen Ringen angebrachte Ring kann der Anfang vieler Variationen sein. Man kann auch mit der Breite der Ringe variieren; ja, man kann sogar so weit gehen, die Ringe aneinander stoßen zu lassen und bekommt so eine echte Kugel.

Abb. 112-2

26 Konstruktionen und Modelle

Konstruktion eines Tetraeders

① Man zieht eine Linie und legt darauf die Punkte A und B fest. Der Abstand A – B bestimmt die Größe des Tetraeders. Nun nimmt man den Abstand A – B auch von B nach oben und unten und bekommt so die Punkte C und D. Diese letzten Punkte verbindet man mit einer Linie mit A und B. ② Diese Konstruktion wiederholt man, jedoch jetzt von A und D bzw. von B und D. Man hat nun die Punkte E und F. Wenn diese neuen Punkte mit den anderen verbunden sind, ist der Tetraeder beinahe fertig. Es müssen nur noch die Kleberänder gezeichnet werden.

Konstruktion eines Kubus

① Mit dem Zirkel werden die Punkte A, B, C, D und E im gleichen Abstand auf einer Linie markiert. Der Abstand A – B legt die Größe des Kubus fest. – Von den Punkten B und D und den Punkten C und E aus schlägt man nun einen Kreis, im Zirkel hat man den Abstand B – D und bekommt so die Hilfspunkte F und G. Nun zieht man zwischen F und C und zwischen G und D eine Linie.
② Mit dem Abstand C – D im Zirkel wird jetzt zweimal von C und D aus ein Punkt auf der soeben entstandenen Linie abgetragen. Man bekommt die Punkte H und J und die Punkte K und L. – Wenn man nun zwischen den Punkten H und J und zwischen den Punkten K und L jeweils eine Linie zieht, entstehen drei parallel verlaufende Linien. Von H und J aus wird der Abstand C – D auf den Linien abgetragen, so dass für den Kubus neue Punkte entstehen. Dasselbe wird noch einmal von M aus gemacht. Nun werden die Punkte miteinander verbunden, wie dies auf der Zeichnung angegeben ist. Kleberänder nicht vergessen.

Konstruktion eines Pentagramms

① Man schlägt mit dem Zirkel einen Kreis.
② Horizontal durch den Mittelpunkt des Kreises wird eine Linie gezogen, und vom Mittelpunkt zieht man eine senkrechte Linie auf diese Mittellinie.
③ Nun nimmt man die Hälfte des Abstandes A – C in den Zirkel und schlägt den Radius von Punkt A aus oben und unten auf den Kreis, so entstehen die Punkte D und E. Indem

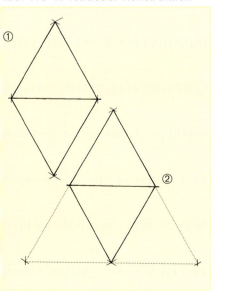

Abb. 113-1: Tetraeder-Konstruktion

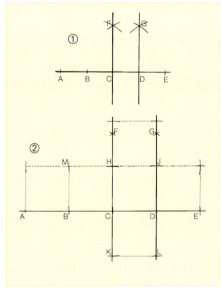

Abb. 113-2: Kubus-Konstruktion

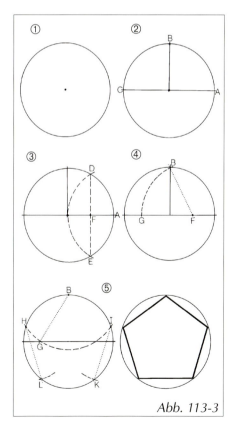

Abb. 113-3

D und E durch eine Linie miteinander verbunden werden, bekommt man den Punkt F.

④ Jetzt nimmt man den Abstand F – B in den Zirkel, trägt diesen Radius auf der horizontalen Mittellinie auf und hat damit den Punkt G.

⑤ Der Abstand B – G ergibt eine Seitenlänge des Pentagramms. Von Punkt B aus wird dieser Abstand mit dem Zirkel auf dem Kreis abgetragen, und man bekommt damit die Punkte H und J. Von H und J aus trägt man denselben Radius nochmals auf dem Kreis ab und hat nun die Punkte L und K. Die Punkte B, H, L, K und J sind die Ecken des Pentagramms.

Diese Konstruktion ist nicht schwierig. Als besondere Hilfe ist das Modell (Abb. 115-2) in dieses Buch aufgenommen; so kann man, indem das Modell einfach durchgezeichnet wird, auch ohne Konstruktion über ein exaktes Pentagramm verfügen.

Abb. 114-1: Pentagramm-Konstruktion

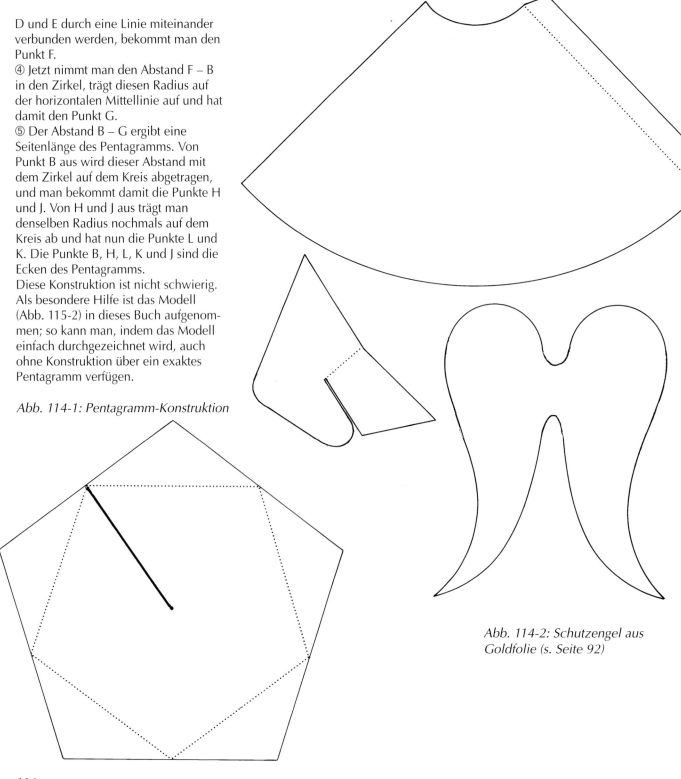

Abb. 114-2: Schutzengel aus Goldfolie (s. Seite 92)

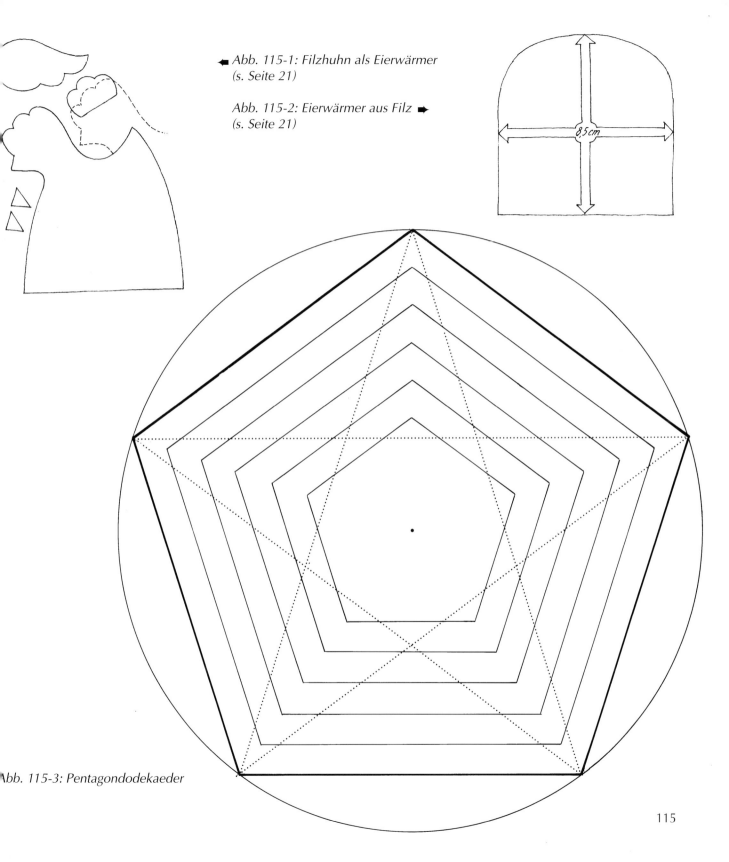

◀ Abb. 115-1: Filzhuhn als Eierwärmer (s. Seite 21)

Abb. 115-2: Eierwärmer aus Filz ➡ (s. Seite 21)

Abb. 115-3: Pentagondodekaeder

27 Informationen zu dem in diesem Buch verwendeten Material

Basishandwerkszeug

eine stabile, alles schneidende Schere
eine kleine, spitze Schere
eine kleine Kneifzange
eine kleine, spitze Zange
ein Handbohrer
eine Ahle
ein scharfes Messerchen
eine Pinzette
ein paar dicke Nähnadeln

Blüten und Blätter sollte man im späten Frühjahr und im Sommer suchen und trocknen. Mit dem Sammeln von weiterem Naturmaterial kann man in den Sommerferien anfangen. Fast alle in diesem Buch genannten Materialien sind überall zu finden, auch in der Stadt. Für Weizen- und Roggenähren jedoch muss man aufs Land. Es ist sehr wichtig, alles an einem trockenen Ort zu lagern.

Das Material, das man für die in diesem Buch beschriebenen Bastelanleitungen benötigt, ist in allerlei Geschäften erhältlich, abhängig von dem Sortiment, das das jeweilige Geschäft führt. Nachstehend haben wir die am häufigsten vorkommenden Geschäfte mit einem Buchstaben versehen, den man hinter den verschiedenen Materialien wiederfindet:

(a) Geschäfte für Mal- und Zeichen-
    bedarf
(b) Bastel- und Hobbyläden
(c) Schreibwarengeschäfte
(d) Handarbeitsgeschäfte
(e) Eisenwarenhandlungen

Grünmaterial für Türkränze und Adventsgebinde

Hat man keinen Garten, geht man für Grünmaterial am besten zu einer der Gemeindeanlagen oder zu einer Försterei, wenn dort die Bäume zurückgeschnitten werden. In die Abfallcontainer der Neubauviertel verschwinden oft ganze Ilexsträucher.

Mal-mit-mir mit Naturfarben

Das Ei lässt sich auf äußerst einfache Weise zwischen den Halter klemmen, so dass vor allem die Kinder die Hände beim Bemalen frei haben. An dem Halter sind sechs Würfel aus Naturfarbe befestigt. Es ist ein Produkt der Firma Brauns Heitman in Warburg/Westfalen.

Papier und Karton

Seidenpapier ist in 15 – 20 verschiedenen Farben in einem Format von 50 x 70 cm erhältlich (a, b).
Krepppapier ist in einigen kräftigen Farben in einem Format von 48 x 250 cm erhältlich (a, b, c).
Als *farbiges Papier* (um Eierbecher zu verzieren) kann man sehr gut Faltblätter verwenden (b, c).
Transparentpapier (105 oder 110 g) ist farbig sortiert in DIN A4-Format erhältlich. In Fachgeschäften ist es evtl. in verschiedenen Formaten bis zu 75 x 100 cm erhältlich (a, c).
Goldpapier ist dünnes, einseitig mit Goldfarbe bedrucktes Papier. Es ist in verschiedenen Formaten im Handel erhältlich (a, b, c).
Zeichenpapier ist in verschiedenen Stärken in Blocks erhältlich. Einzelne Bögen (160 g) gibt es in einem Format von 50 x 70 cm (a, b, c).
Dünner Karton müsste eigentlich *dickes Papier* (Tonpapier, falls bunt) von ca. 140 g sein. Karton nennt man Material, das schwerer ist als 175 g (a, b, c).
Farbiger Karton ist in vielen Farben in einem Format von 50 x 70 cm erhältlich (a, c).
Fester Karton oder *grauer Karton* zum Anfertigen von Pompons ist vielfach in Schreibwarengeschäften erhältlich, meistens hat man aber auch selbst etwas im Haus, z. B. den Papprücken eines Schreibblocks.
Postkartenpappe oder *Elfenbeinkarton* (300 g) ist in einem Format von 50 x 70 cm erhältlich (a, c).
Gold- und Silberkarton und *dunkelblauer Karton*, auch *Plakatkarton* genannt, ist einseitig farbiger Karton, der in einem Format von 50 x 70 cm erhältlich ist (a, c).
Lampenschirmkarton, im Handel auch *Elefantenhaut* oder *Pergament* genannt, ist geschmeidiger Karton. Dieser Karton ist in einem Format von 50 x 70 cm erhältlich (a).
Gold- und/oder *Silberfolie* ist eine dünne Metallfolie mit einer goldfarbenen und einer silberfarbenen Seite. In der Regel ist die Folie in einer Rolle (50 x 100 cm) erhältlich (b).

Kerzen und Bienenwachs

Man sollte darauf achten, keine sehr billigen Kerzen zu besorgen, da diese aus winzigen, zusammengepressten Körnchen bestehen und nur die äußere Schicht «gegossen» wurde. Sollte man beim Verzieren das Wachs zu fest auf die Kerze drücken, bricht die äußere Schicht und die Körnchen in der Kerze beginnen abzubröckeln.
Kerzen aus Bienenwachs sind in der Regel nur im Fachgeschäft erhältlich.
Bienenwachs für das Ziehen von Kerzen erhält man in (b).
Bienenwachsfolien zum Verzieren von Kerzen gibt es von der Firma Stockmar und ist in Geschäften, die anthroposophisches Spielzeug oder Bücher führen erhältlich.